cré-Cœur

NTMARTRE

Gare du Nord

Gare de l'Est

La Villette

Parc des
Buttes-Chaumont

Canal St-Martin

Place de la République

e du
re

Forum
des Halles

Centre
Georges Pompidou

Notre-Dame

QUARTIER
DU MARAIS

Cimetière du
Père-Lachaise

e de la Cité

les-Prés

Bd. St-Germain

Sorbonne

Ile St-Louis

Bd. Henri IV

Opéra
Bastille

Bd. Diderot

Place de la Nation

rg

Panthéon

QUARTIER LATIN

Institut du
Monde Arabe

Jardin des Plantes

Gare de Lyon

Ministère des Finances

Montparnasse

Gare
d'Austerlitz

Palais Omnisport
de Paris-Bercy

Place d'Italie

Bois de Vincennes

Bibliothèque Nationale

Parc Montsouris

Seine

aire

音声について

本書の音声は，下記サイトより無料でダウンロード，
およびストリーミングでお聴きいただけます.

https://stream.e-surugadai.com/books/isbn978-4-411-01141-1/

＊ご注意
・PC からでも，iPhone や Android のスマートフォンからでも音声を再生いただけます.
・音声は何度でもダウンロード・再生いただくことができます.
・当音声ファイルのデータにかかる著作権・その他の権利は駿河台出版社に帰属します.
　無断での複製・公衆送信・転載は禁止されています.

Tarte Tatin

Yuji FUJITA, Maiko TOKAI

SURUGADAI-SHUPPANSHA

本書を使われる皆さんへ

ボンジュール！

　これから皆さんはフランス語という新しい言語を学ぼうとしているわけですが，そもそもなぜフランス語を学ぼうと思いたったのでしょうか．フランスを旅行したいから，フランス映画やシャンソンのフランス語を理解したいから，料理やファッションについて知りたいから，将来フランスと関係のある仕事につきたいから，なんとなくおしゃれでかっこいいから……などなど，動機はさまざまだと思います．

　動機はなんであれ，皆さんが一様に望んでいることは，多分「フランス語を話せるようになりたい」ということだと思います．新しい言葉を覚えて外国の人とコミュニケーションを取りたい，それはどんな言語であろうと外国語学習の最も基本的なモチベーションです．では，話せるようになるためにはどんな学習をしたらいいのでしょうか．

　理想はもちろん，フランスに長期間滞在して，毎日シャワーのようにフランス語を浴びることですが，現実はなかなかそうもいきません．さしあたって，皆さんは週1度（あるいは2度）の授業で，フランス語学習をスタートするわけです．

　会話を習いたいという人が多くいます．買い物で「これはいくらですか？」，道を尋ねて「駅はどこですか？」などと言えるように，会話で役に立つ文を習いたいと言います．でもフランス人と会話する場面は無限にあるわけですから，会話で必要な文を一つ一つ，ただ覚えるだけの作業はあまり合理的とは言えません．むしろ，単語を置き換えさえすればどんな場面でも応用できる，「文の構造」を理解することの方が，「話せる」ようになることの近道なのです．ですから特に初級では，「文の構造」を説明する「文法」をきちんと学習することがとても大切だと考えてください．

　もちろん文法を勉強するだけでは話せるようにはなりません．単語を覚え，文の中で実際に使ってみる練習が欠かせません．本書では，書く練習，聞く練習，読む練習，話す練習と，さまざまなタイプの練習をします．その際，必ず声に出して練習してみてください．言葉は音を伴って初めて記憶に残ります．フランス語をまず音として再現できるようになること，そのことが初歩の学習ではとても大切なことです．

　そのために本書では初出の単語に原則としてカナをふりました．フランス語の読みは確かに初歩の段階では難しく，どう読んでいいのかわからないために挫折してしまう学習者が多いのは事実です．ですから最初はカナを参考にして，とにかくフランス語の単語を読んでいただきたいと思います．もちろんカナは

フランス語の発音を正確に反映したものではなく，おおよその発音を示すものにすぎませんから，ずっとカナに頼るのは危険です．音声を繰り返し聞いて，綴り字の読み方がわかるようになったら，なるべくカナは見ないで発音するように心がけてください．

　言葉の学習にはその国の文化を知ることが大切です．挨拶ひとつとっても，フランス語の Bonjour！と「こんにちは！」は，生活の中で同じように使われる言葉ではありません．文化を知らなければせっかく言葉を覚えても伝わらなかったり，誤解をまねくことさえあります．

　本書は特にフランスの食文化を取り上げています．主人公の Aya がパリの料理学校でフランス料理を学ぶという話の中で，フランスの食文化の特徴や楽しさを知ることになるでしょう．フランス料理は 2010 年にユネスコの無形文化遺産に登録された世界の偉大な料理です．フランス料理を知ることは，フランス文化全般を知るためのまたとない入り口になることでしょう．

　最後に本書のタイトルの Tarte Tatin（タルト・タタン）について触れておきましょう．tarte Tatin はバターと砂糖でいためたリンゴを型に入れて，その上にパイ生地を載せ，オーブンで焼いた菓子です．この菓子の由来は，レストランでいつものリンゴ・タルトを焼いていたタタン姉妹が，あるときうっかりして，生地を敷くのを忘れてリンゴを型に入れてしまい，あとから気がついて上からパイ生地を載せたものを焼いて出したところ，客に好評で，それ以降レストランの名物になったというものです．「けがの功名」というわけですね．

　さあ皆さん，いつか本場の tarte Tatin を味わうためにも，がんばってフランス語を勉強してください！

著　者

目 次

校閲： Jean-Gabriel Santoni
録音： Léna Giunta
　　　 Claire Renoul
　　　 Sylvain Detey
装丁・本文デザイン：小熊　未央
イラスト：藤田　悦子
写真：藤田　裕二
　　　東海麻衣子
　　　井田　純代
　　　Shutterstock

タルト・タタン

藤田裕二　東海麻衣子

Dis-moi ce que tu manges, je te dirai ce que tu es.

君がどんなものを食べているか言ってみたまえ，君がどんな人か言い当ててみせよう．

—*Brillat-Savarin* (1755-1826)—

Leçon 0
★★★

アルファベ・綴り字の読み方

 ボンジュール！案内役のケロックです．パリの料理学校を舞台に，楽しくフランス語を勉強していきましょう．皆さんに，私の仲間たちをご紹介しますね．

 2

ボンジュール
Bonjour.

おはよう，こんにちは．

Aya Saito（フランス料理を学ぶため，パリの料理学校に留学．20 歳）

サリュ
Salut !

やあ！

ルイ　　フェリエ
Louis Ferrier（Aya の通う料理学校のシェフ講師．28 歳．マルセイユ (Marseille) 出身.）

サ　ヴァ
Ça va ?

元気？

エマ　　シャンティイ
Emma Chantilly（Aya の親友になるパリジェンヌ．20 歳）

3 **1** **Alphabet**（アルファベ）

まずは，フランス語の音に慣れましょう．基本となる文字は英語と同じ 26 文字のアルファベット（フランス語ではアルファベ）です．

Alphabet

A a [a]	B b [be]	C c [se]	D d [de]	E e [ə]
F f [ɛf]	G g [ʒe]	H h [aʃ]	I i [i]	J j [ʒi]
K k [ka]	L l [ɛl]	M m [ɛm]	N n [ɛn]	O o [o]
P p [pe]	Q q [ky]	R r [ɛːr]	S s [ɛs]	T t [te]
U u [y]	V v [ve]	W w [dublǝve]		
X x [iks]	Y y [igrɛk]	Z z [zɛd]		

Mini *exercices 1* 次の略語を読みましょう.

① UE（欧州連合）　　② BD（漫画）　　③ TGV（超高速列車）
④ ONG（非政府組織・NGO）　⑤ RER（首都圏高速交通網）　⑥ SNCF（フランス国有鉄道）

BD

TGV

RER

Mini *exercice 2* 自分の名前をアルファベで言ってみましょう.

2 綴り字の読み方

 フランス語の綴り字の読み方は，英語に比べてかなり規則的です．最初に規則を覚えれば後は楽です．

🔊 4 　1 　綴り字記号

[´] 　アクサン・テギュ：é

[`] 　アクサン・グラーヴ：à 　è 　ù

[^] 　アクサン・スィルコンフレックス：â 　ê 　î 　ô 　û

[¨] 　トレマ：ë 　ï 　ü

[₎] 　セディーユ：ç

🐸 アクサン記号はアクセントとは関係なく，文字の一部となる綴り字上の記号です．

🔊 5 　2 　単母音字 （単独で用いられる母音字です）

・a à â 　　　 [a]/[ɑ] ア 　　　　　　　 ：ami 友達 　　 là そこ 　　 âme 魂

・e 　　　　　 [-] 無音 / [e] エ / [ə] ウ ：classe クラス 　　 avec 一緒に 　　 petit 小さい

　🐸 語末のeは無音．音節内で〈e＋子音字〉のeは「エ」，その他は「ウ」．

・é è ê ë 　　 [e]/[ɛ] エ 　　　　　　 ：bébé 赤ん坊 　　 père 父 　　 tête 頭 　　 Noël クリスマス

・i î y 　　　 [i] イ 　　　　　　　　 ：image イメージ 　　 île 島 　　 stylo ペン

・o ô 　　　　 [o][ɔ] オ 　　　　　　 ：mot 単語 　　 hôpital 病院

・u û 　　　　 [y] ユ 　　　　　　　　 ：université 大学 　　 flûte フルート

Mini exercices 1 　　次の単語を読みましょう．

① table 　② cinéma 　③ service 　④ menu 　⑤ type 　⑥ école

🔊 6 　3 　複母音字 （2つ，あるいは3つの母音字を1つの母音として発音します）

・ai ei 　　　 [ɛ] エ 　　 ：maison 家 　　 neige 雪

・eu œu 　　　 [ø][œ] ウ ：peu 少し 　　 cœur 心

・au eau 　　 [o] オ 　　 ：automne 秋 　　 bateau 船

・ou où oû [u] ウ 　　 ：amour 愛 　　 où どこ 　　 goût 味

・oi oî 　　　 [wa] オワ ：roi 王 　　 boîte 箱

　🐸 œはoとeの合字で「オ・ウ・コンポゼ」と呼びます．

La Seine

Mini exercices 2 　　次の単語を読みましょう．

① Seine 　② deux 　③ auto 　④ tout 　⑤ mauvais 　⑥ oiseau

)) 7 　4 　**鼻母音** （母音字 + n, m で鼻にかかる音になります）

・an am en em 　　　　[ɑ̃] アン：France フランス 　　jambe 脚 　　ensemble 一緒に
・in im ym ain aim ein 　[ɛ̃] エン：vin ワイン 　simple 単純な 　symbole シンボル 　main 手
・un um 　　　　　　　[œ̃] エン：brun 茶色の 　　parfum 香水
・on om 　　　　　　　[ɔ̃] オン：bon 良い 　　nom 名前
　🐸 実際には [ɑ̃] は「オン」, [ɛ̃] [œ̃] は「アン」に近い音に聞こえます.

Mini *exercices* 3 　　次の単語を読みましょう.

　① fin 　② pont 　③ jambon 　④ pain 　⑤ lundi 　⑥ enfant

)) 8 　5 　**半母音** （単独では音節を作らず, 前後の母音と1拍で発音します）

・i 　　[j] 　イ＋母音字 ： piano ピアノ
・ou 　[w] 　ウ＋母音字 ： oui はい
・u 　　[y] 　ユ＋母音字 ： nuit 夜
・ill 　[ij] 　イーユ 　　： fille 娘
・ail 　[aj] 　アイユ 　　： travail 仕事
・eil 　[ɛj] 　エイユ 　　： soleil 太陽

Mini *exercices* 4 　　次の単語を読みましょう.

　① mariage 　② ouest 　③ lui 　④ famille 　⑤ taille 　⑥ Marseille

)) 9 　6 　**子音字**

・語末の子音字 （原則として発音しません）： Paris パリ 　carnet 手帳
　🐸 ただし c, r, f, l は発音されることが多いので注意しましょう. avec 一緒に 　tour 塔 　neuf 9 　cheval 馬

・c 　[s] ス / [k] ク 　： merci ありがとう 　café カフェ （c + e, i, y の場合は「ス」. それ以外は「ク」）
・ç 　[s] ス 　　　： garçon 少年
・g 　[ʒ] ジュ / [g] グ ： rouge 赤い 　gare 駅 （g + e, i, y の場合は「ジュ」. それ以外は「グ」）
・s 　[s] ス / [z] ズ ： sel 塩 　rose バラ （母音字に挟まれた場合は「ズ」. それ以外は「ス」）
・h 　[-] 　　　　： hôtel ホテル （発音しない）
・ch 　[ʃ] シュ 　　： chat 猫
・ph 　[f] フ 　　　： photo 写真
・th 　[t] トゥ 　　： thé 紅茶
・gn 　[ɲ] ニュ 　　： montagne 山

La montagne

Mini *exercices* 5 　　次の単語を読みましょう.

　① ceci 　② page 　③ poisson 　④ château 　⑤ philosophie 　⑥ cognac

Leçon 1
★★★

romarin

はじめまして！

🔊 10　**Dialogue 1** 　パリの料理学校に入学した Aya．シェフ講師の Louis Ferrier に初対面の挨拶をします．ここでは，挨拶の表現や，「私は～です」という名前や国籍の言い方を学びましょう．

Aya : **Bonjour, monsieur.**

Louis : **Bonjour, Aya.**

Vous êtes japonaise ?

Aya : **Oui, je suis de Tokyo.**

🐸 Bonjour.（ボンジュール）：こんにちは，おはよう．／monsieur（ムスィユー）：男性に対する敬称．既婚女性に対しては madame（マダム），未婚女性は mademoiselle（マドモワゼル）／japonaise（ジャポネーズ）：日本人女性の／oui（ウィ）：「はい」．「いいえ」は non（ノン）．／être de ～（エートルドゥ）：～から来た，～の出身である

Grammaire　①　主語人称代名詞

主語になることのできる人称代名詞です．

私は	ジュ **je**	私たちは	ヌ **nous**
君は	テュ **tu**	あなたは／あなたたちは	ヴ **vous**
彼は／彼女は	イル エル **il ／ elle**	彼らは／彼女らは	イル エル **ils ／ elles**

🐸 2人称単数 tu は，家族や友人のように親しい間柄で，vous は，目上の人や初対面の相手などに用いられます．il(s) は物を表す男性名詞，elle(s) は物を表す女性名詞をうけて「それ（ら）」を表すこともできます．

Mini exercices 1　　主語人称代名詞に書き換えましょう．

① Aya　→（　　　　　）　　② Louis　→（　　　　　）

③ Aya et Louis　→（　　　　）　④ Aya et Emma →（　　　　）

🐸 エ
et：～と

Grammaire ② 国籍を表す形容詞

　形容詞には，男性形と女性形があり，原則として，女性形は男性形に -e を付けます．ここでは，国籍を表す形容詞を学びましょう．

◢) 11

ジャポネ　　　　ジャポネーズ japonais ／ japonaise （日本人の）	フランセ　　　フランセーズ français ／ française （フランス人の）
アングレ　　　アングレーズ anglais ／ anglaise （イギリス人の）	イタリヤン　　イタリエンヌ italien ／ italienne （イタリア人の）
アメリカン　　アメリケーヌ américain ／ américaine （アメリカ人の）	エスパニョール　エスパニョール espagnol ／ espagnole （スペイン人の）
コレアン　　　コレエンヌ coréen ／ coréenne （韓国人の）	シノワ　　　シノワーズ chinois ／ chinoise （中国人の）

Mini *exercices 2*　　国籍を表す形容詞を適当な形にして（　　　）に入れましょう．

① Aya est (　　　　　　　　　)．　　　　　　アヤは日本人です．

② Louis est (　　　　　　　　)．　　　　　　ルイはフランス人です．

③ Marilyn Monroe est (　　　　　　　)．　マリリン・モンローはアメリカ人です．

④ Pablo Picasso est (　　　　　　　)．　　パブロ・ピカソはスペイン人です．

Grammaire ③ 動詞 être の直説法現在の活用

être は英語の be 動詞にあたり，「～です」．人称によって不規則な活用変化をします．

◢) 12

エートル **être** （～です）	
ジュ　スュイ je **suis**	ヌ　　　ソム nous **sommes**
テュ　エ tu **es**	ヴ　　　ゼット vous **êtes**
イ　レ il **est**	イル　　ソン ils **sont**
エ　レ elle **est**	エル　　ソン elles **sont**

Je **suis** japonais.　　私は日本人（男性）です．

Vous **êtes** français ?　あなたはフランス人（男性）ですか？

Il **est** français.　　彼はフランス人（男性）です．

Elle **est** japonaise.　彼女は日本人（女性）です．

　発音される語末の子音と次の母音は続けて発音し，これをアンシェーヌマン（‿）と言います．il est, elle est はアンシェーヌマンし，「イ・レ」「エ・レ」．発音されない語末の子音字と次の母音は続けて発音し，これをリエゾン（‿）と言います．Vous êtes はリエゾンし「ヴ・ゼット」．-s は「ズ」の音になります．

Mini *exercices 3*　　動詞 être の活用形を（　　　）に入れましょう．

① Aya (　　　　)　　　② Louis (　　　　)　③ je (　　　　)

④ Louis et Emma (　　　)　⑤ vous (　　　　)　⑥ tu (　　　　)

13　*Dialogue 2*　Aya がクラスメートの Emma と出会い，初対面の挨拶をしています．初対面であっても若い人同士なら，いきなり親しい間柄で用いる tu で話しかけることは珍しくありません．Dialogue 1 と比べてみましょう．

Emma : **Salut, Aya.**

Je m'appelle Emma.

Aya :　**Bonjour, Emma.**

Enchantée.

Tu es française ?

Emma : **Oui, je suis parisienne.**

Salut.：「やあ」．親しい人同士の出会いや別れの挨拶／je m'appelle ～：「私の名前は～です」．ここでは名前を言う決まった言い方として覚えましょう．→ Leçon 12（代名動詞）参照／Enchanté(e).：はじめまして，よろしく／parisienne：パリの女性（男性は parisien）

Mini *exercices 4*　　Dialogues 1, 2 について，質問に答えましょう．

① Aya est japonaise ?
_____

② Louis est espagnol ?
_____

③ Emma est italienne ?
_____

④ Aya est d'Osaka ?
_____

14　*Vocabulaire et Expressions*

日常の基本的な挨拶を覚えましょう．

Bonsoir. こんばんは．／Comment allez-vous ? お元気ですか？

Je vais bien. 元気です．／Comment ça va ? 元気かい？／Ça va bien. 元気だよ．

Au revoir ! さようなら！／À bientôt ! またね！

Exercices

 1 あなた自身の紹介をしましょう.

① 名前　→ ....

② 国籍　→ ....

③ 出身　→ ....

2 Louis と Emma の紹介をしましょう（名前，国籍，出身）. ＊Leçon 0 参照.

① Louis

→ ....

② Emma

→ ....

「彼の名前は〜です」→ il s'appelle 〜, 「彼女の名前は〜です」→ elle s'appelle 〜

3 文を聞き取り，応答として正しい方に○を付けましょう.

🔊 15　① ....

a. Non, je suis française. 　　b. Non, je suis japonaise.

② ....

a. Oui, il est italien. 　　b. Oui, elle est italienne.

③ ....

a. Oui, je suis chinois. 　　b. Non, il est coréen.

④ ....

a. Oui, je suis parisien. 　　b. Oui, je suis parisienne.

⑤ ....

a. Non, je suis de Tokyo. 　　b. Oui, il est de Nagoya.

4 例にならって，隣の人と挨拶をしましょう.

例 ①　A：Bonjour, monsieur／mademoiselle.

Comment allez-vous ?

B：Je vais bien, merci. Et vous ?

A：Très bien, merci.

例 ②　A：Salut, （相手の名前）.

Comment ça va ?

B：Ça va bien, merci. Et toi ?

A：Ça va bien, merci.

Leçon 2
★ ★ ★

それは何ですか？

🔊 16　　*Dialogue 1* 　料理学校の授業が始まりました．めずらしい食材について Aya が Louis に質問しています．ここでは「それは何ですか？」「それは〜です」という，ものを指示する表現を学びましょう．

> 👩 Aya : **Monsieur, qu'est-ce que c'est ?**
>
> 👨 Louis : **C'est un chou-fleur.**
>
> 👩 Aya : **Mais c'est violet !**
>
> 👨 Louis : **Oui, c'est beau, non ?**

🐸 Qu'est-ce que c'est ?：「それは何ですか？」．ここでは表現として覚えましょう．« qu'est-ce que 〜 » → Leçon 7 参照．／ chou-fleur 男：カリフラワー／ mais：「しかし」．ここでは驚きを表して「まあ」／ violet：紫色の／ beau：美しい

Grammaire ❶ **名詞と不定冠詞**

　すべての名詞に文法上の性があり，男性か女性いずれかに決まっています．名詞には単数形と複数形があり，複数形は原則として単数形に -s を付けます（この -s は発音されません）．

　不定冠詞は，文脈に初めて登場した名詞に付き，「あるひとつの（ひとりの）」「いくつかの（いく人かの）」を表します．不定冠詞は，それが付く名詞の性と数に従って変化します．

<table>
<tr><th colspan="3">不定冠詞</th></tr>
<tr><th></th><th>単数</th><th>複数</th></tr>
<tr><td>男性</td><td>un</td><td rowspan="2">des</td></tr>
<tr><td>女性</td><td>une</td></tr>
</table>

un garçon / **des** garçons （1 人の／いく人かの）男の子
une fille　 / **des** filles 　（1 人の／いく人かの）女の子
un livre　 / **des** livres　 （1 冊の／何冊かの）本
une table / **des** tables 　（ひとつの／いくつかの）テーブル

🐸 無生物の名詞の性は決められていて，その名詞が男性か女性かは覚えるしかありません．人や動物などのような生物は，生物上の性に一致します．

Mini *exercices 1*　　不定冠詞を（　　　）に入れましょう．

① (　　　　) stylo　　　② (　　　　　) chaises

③ (　　　　) chaise　　 ④ (　　　　) stylos

🐸 stylo 男：ペン／ chaise 女：椅子

Grammaire ② 指示代名詞 ce

指示代名詞 ce は être の主語になり，「これ（それ，あれ）」の意味になります．単数名詞が置かれるときは c'est ～，複数名詞が置かれるときは ce sont ～ になり，「これ（これら）は～です」という意味になります．ce の e は母音で始まる語の前で '（アポストロフ）になり，これをエリズィヨン（母音字省略）といいます．ce est → c'est

C'est ＋ 単数名詞
Ce sont ＋ 複数名詞

C'est un crayon. これは1本の鉛筆です．
Ce sont des cahiers. これらは何冊かのノートです．

Mini exercices 2 C'est，あるいは Ce sont を（　　　）に入れましょう．

① (　　　　　　　　　) un portable. ② (　　　　　　　　　) des maisons.
③ (　　　　　　　　　) une école. ④ (　　　　　　　　　) des appartements.

portable 男：携帯電話 ／ école 女：学校 ／ maison 女：家 ／ appartement 男：アパルトマン

Grammaire ③ 形容詞の性・数の一致

Leçon1（国籍を表す形容詞）で学んだように，すべての形容詞に男性形と女性形，また単数形と複数形があり，関係する名詞や代名詞の性・数に従って変化します．原則として女性形は男性形に -e，複数形は単数形に -s を付けます

grand（大きい，背が高い）			
男性単数	女性単数	男性複数	女性複数
grand	grande	grands	grandes

Il est grand. 彼は背が高い．
Elle est grande. 彼女は背が高い．
Ils sont grands. 彼らは背が高い．
Elles sont grandes. 彼女たちは背が高い．

Mini exercices 3 petit（小さい，背が低い）を適当な形にして（　　　）に入れましょう．

① Il est (　　　　　　　　). ② Ils sont (　　　　　　　　).
③ Elles sont (　　　　　　　　). ④ Elle est (　　　　　　　　).

🔊 **17**　*Dialogue 2*　　授業が終わり，Louis が Aya を呼び止めました．日本料理の本に載っている食材を Aya に尋ねています．Dialogue 1 を参考にすればどんな会話かわかりますね．

Louis : **Aya, qu'est-ce que c'est ?**

Aya : **Ah ! C'est un « kamaboko ».**

C'est une pâte de poisson.

Louis : **Mais c'est rose !**

Aya : **Oui, c'est coloré.**

Louis : **C'est joli !**

パート ドゥ ポワソン　ローズ　コロレ　ジョリ
pâte de poisson：魚の練り物／ rose：ピンク色の／ coloré：着色した／ joli：きれいな

Mini *exercices 4*　　Dialogues 1，2 について，質問に答えましょう．

① Qu'est-ce que c'est, un kamaboko ?

────────────────────────────

② Un kamaboko, c'est violet ?

────────────────────────────

③ Un kamaboko, c'est joli ?

────────────────────────────

④ Un kamaboko, c'est japonais ?

────────────────────────────

🔊 **18**　*Vocabulaire et Expressions*

色の語彙と《c'est ＋形容詞》の表現を覚えましょう．

ブルー　　　　ヴェール　　　ジョーヌ　　　　ルージュ　　　ノワール　　ブラン
bleu 青い／ vert 緑の／ jaune 黄色の／ rouge 赤い／ noir 黒い／ blanc 白い

セ　ボン　　　　　　　　　　　セ　ジャンティ　　　　　　　　セ　サンパ
C'est bon. おいしいね．／ C'est gentil. ご親切に．／ C'est sympa. 感じがいいね．

c'est の後の形容詞は常に男性単数形．

18

1 （　　　　）に適当な不定冠詞を入れましょう．

① Ce sont （　　　　　　　　） maisons.

② C'est （　　　　　　　　） appartement.

③ Ce sont （　　　　　　　　） Japonais.

④ C'est （　　　　　　　　） fille.

⑤ Ce sont （　　　　　　　　） Françaises.

語頭が大文字の Japonais は「日本人」，Françaises は「フランス人女性」．p.76 文法補遺参照．

2 次の日本語文をフランス語にしましょう．

① 彼女は背が低い．

② あなた（男性）は親切ですね．

③ 彼女はきれいです．

④ 彼らは親切ですか？

⑤ あなたたち（女性）はきれいですね．

3 文を聞き取り，応答として正しい方に○を付けましょう．

🔊 19

①

　　a. Oui, ils sont petits.　　b. Oui, elles sont petites.

②

　　a. Oui, elle est grande.　　b. Oui, elle est jolie.

③

　　a. Oui, c'est bon.　　b. Oui, c'est grand.

④

　　a. C'est joli.　　b. C'est une maison.

⑤

　　a. Oui, c'est rouge.　　b. Non, c'est rose.

4 下線部を（　　　　）内の語に置き換えて，隣の人と会話しましょう．

A：Qu'est-ce que c'est ?

B：C'est un portable.（un kamaboko　　une maison　　un appartement）

A：Mais c'est petit !（bon　　　　　joli　　　　　grand　　　　　）

Leçon 3 ★★★

エスカルゴは好きですか？

🔊 20 **Dialogue 1** Louis が Aya にフランス料理について質問をしています．ここでは，「私は～が好きです」という表現と疑問文の作り方を学びましょう．

Louis : Aimez-vous les escargots ?

Aya : Oui, j'aime beaucoup.

J'aime tout dans la cuisine française.

Louis : Vous êtes gourmande !

Aya : Oui, j'aime bien manger.

🐸 aimer：好きだ／escargot 男：エスカルゴ（カタツムリ）／beaucoup：とても／tout：すべて／dans ～：～の中で／cuisine 女：料理／français(e)：「フランスの」．形容詞は原則として名詞の後に付く．→ leçon 4 G2 参照／gourmand(e)：食いしん坊の／manger：食べる

Grammaire **①** 第一群規則動詞（**-er** 動詞）の直説法現在

動詞の中で語尾が -er で終わるものを第一群規則動詞，または -er 動詞と呼びます．-er 動詞は語尾の部分が規則的な変化をします．

🔊 21

aimer （好きだ）		**parler** （話す）	
j' aime	nous aimons	je parle	nous parlons
tu aimes	vous aimez	tu parles	vous parlez
il aime	ils aiment	il parle	ils parlent

🐸 je は母音で始まる語の前でエリズィヨンし，j' になります．je aime → j'aime

Mini **exercices 1** 次の -er 動詞を活用させましょう．

① chanter（歌う）

je	nous
tu	vous
il	ils

② adorer（大好きだ）

j'	nous
tu	vous
il	ils

Grammaire ② 定冠詞

定冠詞も不定冠詞（→leçon 2）同様，それが付く名詞の性・数に応じて形が変わります.

	単数	複数
男性	**le** ^ル	**les** ^レ
女性	**la** ^ラ	

le frère / les frères　その／それらの兄弟

la sœur / les sœurs　その／それらの姉妹

le sac / les sacs　その／それらのバッグ

🐸 母音で始まる名詞の前で le, la はエリズィヨンして l' になります. le étudiant（学生）→ l'étudiant, la école（学校）→ l'école

用法：

1)「その〜，誰の〜」のように限定された名詞に付きます.

　　C'est **le** dictionnaire de Paul.　それはポールの辞書です.

2)「〜というもの」のように総称を表す名詞に付きます.

　　J'aime **la** cuisine française.　私はフランス料理が好きです.

　　J'aime **les** escargots.　私はエスカルゴが好きです.

🐸 総称的用法の場合，数えられない名詞には単数定冠詞 le, la, 数えられる名詞には複数定冠詞 les が付きます.

Mini exercices 2　定冠詞を（　　）に入れましょう.

① (　　　　) père de Jean　　② (　　　　) mère de Jean

③ (　　　　) enfant de Pierre　④ (　　　　) filles de Marie

🐸 père 男：父／ mère 女：母／ enfant 男女：子供

Grammaire ③ 疑問文

疑問文には，次の３つの言い方があります.

1）文末を上昇調のイントネーションで ：Vous aimez les escargots ?

2）文頭に **est-ce que (qu')** を付ける ：**Est-ce que** vous aimez les escargots ?

3）主語と動詞を倒置する ：**Aimez-vous** les escargots ?

🐸 倒置疑問文に注意. Aime-t-il les escargots ?（-t- を入れる）, **Paul** aime-t-il les escargots ?

Mini exercices 3　次の文を３つの言い方で疑問文にしましょう.

Elle est gourmande.

① ....

② ....

③ ....

🔊 **22** **Dialogue 2** Aya と Emma が好きな料理について話しています．文頭に est-ce que を付ける疑問文のかたちが出ていますね．

Emma : Est-ce que tu aimes la cuisine marocaine ?

Aya : Oui, j'adore le couscous.

Emma : C'est délicieux.

J'aime cuisiner les plats marocains.

marocain(e)：モロッコの／ adorer：大好きだ／ couscous 男：クスクス（顆粒状のパスタにスープをかけて食べる北アフリカ料理／ délicieux：おいしい／ aimer＋不定詞（動詞の原形）：〜するのが好きだ／ cuisiner：料理をつくる／ plat 男：（一皿の）料理

Mini exercices 4　Dialogues 1, 2 について，質問に答えましょう．

① Aya aime les escargots ?

② Est-ce qu'Aya aime le couscous ?

③ Qu'est-ce que c'est, le couscous ?

④ Emma aime cuisiner les plats italiens ?

🔊 **23** *Vocabulaire et Expressions*

日常でよく使われる第一群規則動詞 (-er 動詞) を覚えましょう．

danser：踊る／ marcher：歩く／ étudier：勉強する／ travailler：働く

habiter*：住む／ écouter：聞く／ penser：考える／ arriver：到着する

habiter：h は発音しませんが，文法上有音の h と無音の h があり，無音の h で始まる語は母音で始まる場合と同様，エリズィヨン，アンシェーヌマン，リエゾンをします．habiter の h は無音の h なので j'habite, il habite, vous habitez になります．

 1 ［　］内の動詞を適当な形にして（　　）に入れましょう.

① J' （　　　　　　） cuisiner.　　［ aimer ］
② Il （　　　　　　） beaucoup.　　［ parler ］
③ Nous （　　　　　　） à Paris.　　［ habiter ］
④ Tu （　　　　　　） à Tokyo ?　　［ travailler ］
⑤ Elles （　　　　　　） très bien.　［ chanter ］

 2 （　　）に適当な定冠詞を入れましょう.

① Ce sont （　　　　　　） livres de Pierre.
② C'est （　　　　　　） appartement de Marie.
③ C'est （　　　　　　） fille de Vincent.
④ J'aime （　　　　　　） cuisine japonaise.
⑤ Elle aime （　　　　　　） plats italiens.

 3 文を聞き取り，応答として正しい方に○を付けましょう.

24

①
　　　a. Oui, je suis française.　　b. Oui, j'aime la cuisine française.
②
　　　a. Oui, elle chante très bien.　　b. Oui, j'aime bien chanter.
③
　　　a. Oui, ils aiment marcher.　　b. Oui, il aime marcher.
④
　　　a. Oui, je suis de Kyoto.　　b. Non, je travaille à Kobe.
⑤
　　　a. Oui, j'aime bien danser.　　b. Oui, j'aime bien chanter.

 4 下線部を下の（　　）内の語に置き換えて，隣の人と会話をしましょう.

A：Qu'est-ce que vous aimez ?
B：J'aime la musique.
A：Qu'est-ce que vous aimez faire ?
B：J'aime chanter.

（le cinéma：映画／ les chats：猫／ voyager：旅行する／ nager：泳ぐ）

Leçon 3

フランス人が好きな料理 Top10*

日本でフランス料理というと，結婚式に出されるような手のこんだ，見た目も美しいおしゃれな料理を想像しがちです．確かにフランスでも高級料理店に行けばそのような料理に出会えますが，普段利用する庶民的なレストランや家庭では，簡単に料理でき，栄養たっぷりでおいしい家庭料理や地方料理が出されます．ここではそうした中から，フランス人に特に人気のある料理 Top10 を紹介しましょう．

第1位 　Magret de canard
（マグレ　ドゥ　カナール）
（鴨の胸肉のロースト）

これが1位というのは意外かも．アンケートによっては4位のブランケットが1位のことも．Magret de canard はフォワグラをつくるために肥育させた鴨の，フォアグラを取り出したあとの胸肉．フォワグラの匂いがすると言われ美味．ボルドーのフル・ボディーの赤ワインがよく合う．

第2位 　Moules-frites
（ムール　フリット）
（ムール貝のフライドポテト添え）

隣国ベルギーの国民料理とも言われる．鍋一杯でとても食べきれないと思うが美味でペロリと食べてしまう．ベルギービール，白ワインとよく合う．

第3位 　Couscous
（クスクス）
（クスクス）

元は北アフリカの家庭料理．スムールという粒状のパスタに，トマトベースのソースをかけて食べる．ロゼワインとよく合う．

第4位 Blanquette de veau
（ブランケット　ド　ヴォ）
（仔牛のホワイトシチュー）

フランスの代表的な煮込み料理．付け合わせには米がおいしい．

第5位 Côte de bœuf
（コート　ド　ブフ）
（牛肉のリブロースト）

côte は骨付き背肉．豪快に焼き上げるビストロの定番料理．

第6位 Gigot d'agneau
（ジゴ　ダニョ）
（仔羊の腿肉のロースト）

特に骨付き腿肉は晴れの日のごちそう．

＊*Journal des Femmes* の 2014年のアンケートによる．
http://cuisine.journaldesfemmes.com/gastronomie/les-30-plats-preferees-des-francais/

第**7**位
Steak frites
（フライドポテト添えステーキ）

フランスの国民料理,
ステーキは bifteck とも言う.

第**8**位
Bœuf bourguignon
（牛肉の赤ワイン煮）

ブルゴーニュの赤ワインが
合う.

第**9**位
Raclette
（ラクレット）

溶かしたチーズを削って
食べるスイス料理.

第**10**位
Tomates farcies
（トマトの肉・野菜詰め）

まるごとトマトの
肉・野菜詰め.

他の人気料理

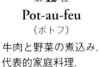

第**12**位
Pot-au-feu
（ポトフ）

牛肉と野菜の煮込み.
代表的家庭料理.

第**21**位
Ratatouille
（ラタトゥイユ）

南仏料理.トマト,ナス,
ズッキーニなどの野菜煮込み.

第**24**位
Choucroute
（シュークルート）

アルザス料理.
キャベツの塩漬けにハム,
ソーセージを乗せる.

第**30**位
Cassoulet
（カスレ）

ラングドック料理.鴨と白
いんげん豆の煮込み.

料理をつくろう! — *Quiche lorraine* （ロレーヌ風キッシュ）—

キッシュ・ロレーヌはフラ
ンス北東部ロレーヌ地方の
料理.ベーコン,チーズ,
きのこなどを入れて焼き上
げるパイ料理.ランチの軽
い食事やオードブルとして
人気.温かくしても冷たく
しても美味.

●作り方 (recette)

材料：6人分（22cmの型）
・パイ生地1枚.市販の角型生地でよい.
・卵2個
・生クリーム 200 ml,牛乳 200 ml
・ベーコン 200 g,チーズ（グリュイエー
　ルなどのハードタイプ）100 g,ほうれ
　んそう半把
・バター,塩,胡椒,ナツメグ少々

1

パイ生地を延ばして
バターを塗った型に載せる.

2

ベーコン,ほうれんそう
をいため,チーズと一緒
に1に載せる.

3

卵,生クリーム,牛乳,塩,
胡椒,ナツメグを混ぜ,
2に入れる.

4

200度のオーブンで
約45分焼く.

Leçon 4 ★★★

お腹がすいた！

roquette

🔊 **25** *Dialogue 1* 授業中にお腹がすいた Aya が Emma に話しかけています．ここでは，「持っている」を意味するフランス語の重要な動詞 avoir と，否定文を主に学びましょう．

Aya : J'ai faim, moi.

Emma : J'ai un petit morceau de pain.

Aya : Tu n'as pas autre chose ?

Emma : Non, je suis désolée.

🐸 avoir faim アヴォワール ファン：空腹である／ morceau モルソー 男：（食物の）一片，一口／ pain パン 男：パン／ autre chose オートル ショーズ 女：ほかのもの／ désolé(e) デゾレ：すまなく思う

Grammaire **1** **動詞 avoir の直説法現在の活用**

avoir は英語の have にあたり，「～を持っている」という意味の動詞です．活用は不規則な変化をします．

🔊 **26**

avoir アヴォワール（持っている）

j'ai ジェ	nous avons ヌ ザヴォン
tu as テュ ア	vous avez ヴ ザヴェ
il a イ ラ	ils ont イル ゾン

J'ai un appartement. 私はアパルトマンを持っています．
Il a des enfants. 彼には子供がいます．

Mini *exercices* **1** 動詞 avoir の活用形を（　　　）に入れましょう．

① tu（　　　　　）　　② j'（　　　　　）　　③ Aya（　　　　　）

④ Aya et Louis（　　　　　）　　⑤ vous（　　　　　）　　⑥ nous（　　　　　）

Grammaire **2** **形容詞の位置**

形容詞は原則として名詞の後に置かれます．ただし形容詞によっては前に置かれるものもあります．

26

| 名詞＋形容詞（原則） | la cuisine **française** | フランス料理 |
| 形容詞＋名詞（例外） | un **petit** garçon | 小さな男の子 |

🐸 名詞の前に置かれる形容詞は, petit (小さい), grand (大きい), jeune (若い), bon (良い), joli (かわいい), beau (美しい) などの日常的によく用いられる短い形容詞です.

Grammaire ❸ 否定文

動詞を ne と pas ではさむと否定文になります.

主語＋ **ne** ＋動詞＋ **pas**	Je **ne** suis **pas** japonais.	私は日本人ではありません.
	Je **n'**aime **pas** le sport.	私はスポーツが好きではない.
	Je **n'**ai **pas** de sac.	私はバッグを持っていません.

🐸 ・ne は母音で始まる語の前でエリズィヨンして n' になります.
・直接目的語の前に付く不定冠詞 un, une, des は, 否定文の場合, de (d') になります.
J'ai une maison. → Je n'ai pas **de** maison. J'ai des livres. → Je n'ai pas **de** livres.

Mini exercices **2**   avoir の活用を否定形にして (   ) に入れましょう.

① je (   )   ② tu (   )   ③ il (   )

④ nous (   )   ⑤ vous (   )   ⑥ ils (   )

Grammaire ❹ 人称代名詞の強勢形

je や tu が主語にしかなれない人称代名詞であるのに対し, 強勢形と呼ばれる人称代名詞があり, 文の中でさまざまな要素になります.

主　語	je	tu	il	elle	nous	vous	ils	elles
強勢形	**moi**	**toi**	**lui**	**elle**	**nous**	**vous**	**eux**	**elles**

用法：

① 主語を強調する → **Moi** aussi, j'aime bien chanter.   私も歌うのが好きです.

② c'est の後   → Allô, c'est **toi** ?   もしもし, 君かい？

③ 前置詞の後   → Tu habites chez **lui** ?   君は彼の家に住んでいるの？

🐸 aussi：～もまた ／ allô：電話で「もしもし」／ chez ～：～の家に

Mini exercices **3**   人称代名詞の強勢形に置き換えて (   ) に入れましょう.

① tu → (   ) ② Louis → (   ) ③ Aya → (   )

④ je → (   ) ⑤ nous → (   ) ⑥ Louis et Emma → (   )

Leçon 4

27

🔊 **27**　**Dialogue 2**　🐸🚩　お腹をすかせた Aya. 授業が終わるとすぐ，近くのカフェに駆け込みました.
Aya とカフェのギャルソンとのやり取りを見てみましょう.

Aya :　　　　　Qu'est-ce que vous avez comme gâteaux ?

Le garçon :　Nous avons des éclairs et des tartes.

Aya :　　　　　Alors, une tarte Tatin, s'il vous plaît.

Le garçon :　Je suis désolé.

　　　　　　　Nous n'avons plus de tartes Tatin.

🐸 Qu'est-ce que vous avez comme 〜 ? :「〜には何がありますか?」ここでは表現として覚えましょう. ／
gâteau 男 :「ケーキ」. 複数形は gâteaux ／ éclair 男 : エクレア ／ tarte 女 : タルト ／ tarte Tatin : タルト・タ
タン（型にリンゴを敷き詰め，生地をかぶせてオーブンで焼いたタルト）／ s'il vous plaît : お願いします／ ne
〜 plus : もう〜ない

Mini **exercices 4**　　Dialogues 1，2 について，質問に答えましょう.

① Aya a faim ?

_____

② Emma a un gâteau ?

_____

③ Le garçon a des éclairs ?

_____

④ Le garçon a des tartes Tatin ?

_____

🔊 **28**　*Vocabulaire et Expressions* 🕺

avoir を使った慣用表現を覚えましょう.

J'ai faim.　お腹がすいている. ／ J'ai très faim.　とてもお腹がすいている.

J'ai soif.　のどが渇いている. ／ J'ai sommeil.　眠い. ／ J'ai chaud.　暑い.

J'ai froid.　寒い. 　　　　　／ J'ai mal.　痛い. ／ J'ai peur.　怖い.

Exercices

1 （　　）に適当な avoir の活用形を入れましょう.

① Il （　　　　　　） des cahiers ?

② J' （　　　　　） sommeil.

③ Est-ce que tu （　　　　　　） un stylo ?

④ Elle n'（　　　　　） pas de portable.

⑤ （　　　　　　）-vous des frères ?

2 次の質問に否定で答えましょう.

① Elles chantent bien ? ....

② Tu aimes les gâteaux ? ....

③ Est-ce que Paul a un appartement ? ....

④ Vous habitez à Paris ? ....

⑤ Elle a des frères ? ....

3 文を聞き取り，応答として正しい方に○を付けましょう.

🔊 29

① ....

　　a. Nous avons des éclairs.　　b. Nous n'avons pas de pain.

② ....

　　a. Oui, j'ai faim.　　b. Non, je suis désolé.

③ ....

　　a. Oui, j'habite chez moi.　　b. Oui, j'habite chez lui.

④ ....

　　a. Oui, j'ai sommeil.　　b. Non, il n'a pas sommeil.

⑤ ....

　　a. Moi, je n'aime pas le couscous.　　b. Toi, tu n'aimes pas le couscous.

4 下線部を下の（　　）内の語に置き換えて，隣の人と会話をしましょう.

A：Est-ce que tu as <u>un portable</u> ?

B：Oui, j'ai <u>un portable</u>. Et toi ?

A：Moi, je n'ai pas <u>de portable</u>.

（un vélo：自転車 / une télé：テレビ / une voiture：自動車 / un ordinateur：コンピュータ）

Leçon 4

29

Leçon 5 ★★★

aneth.

「平鯛のプロヴァンス風」を作ります

🔊 30 **Dialogue 1** 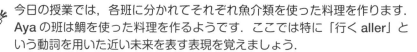 今日の授業では，各班に分かれてそれぞれ魚介類を使った料理を作ります．Aya の班は鯛を使った料理を作るようです．ここでは特に「行く aller」という動詞を用いた近い未来を表す表現を覚えましょう．

Louis : Qu'est-ce que vous allez faire avec cette daurade ?

Aya : On va faire une daurade à la provençale.

Louis : D'accord. Et la garniture ?

Emma : On va faire des pommes de terre mousseline.

Louis : C'est une bonne idée.

🐸 avec ~ : ~と一緒に，~を使って／daurade 囡：平鯛／à la provençale：プロヴァンス風の／on：「私たち」nous のくだけた言い方．3人称単数で活用します．／d'accord：わかった，オーケー／garniture 囡：付け合せ／pomme(s) de terre mousseline：クリーム入りマッシュポテト／bonne idée 囡：いい考え

Grammaire ❶ 動詞 aller と近接未来

aller は「行く」という意味の不規則動詞ですが，その後に不定詞が来ると「行く」という意味を失って，「~しようとしている，~するつもりだ」という近い未来を表す意味になります．

🔊 31

aller（行く）	
je **vais**	nous **allons**
tu **vas**	vous **allez**
il **va**	ils **vont**

① Je **vais** à l'école. 私は学校に行きます．

② Il **va arriver** dans un instant. 彼はまもなく到着します．

🐸 ①の aller は「行く」の意味　②は《aller ＋不定詞》で近接未来
arriver：到着する／dans un instant：まもなく

Mini exercices 1 動詞 aller を活用させましょう．

① nous _____ ② tu _____ ③ on _____

④ vous _____ ⑤ je _____ ⑥ Aya et Louis _____

 **Grammaire 2** 指示形容詞

名詞の前に付けて,「この～」「あの～」「その～」と,人や物を指し示す形容詞です. 冠詞と同様,それが付く名詞の性・数に応じて形が変わります.

男性単数形	女性単数形	男・女複数形
ス	セット	セ
ce	**cette**	**ces**

ス ヴェール
ce verre — このコップ

セ タスィエット
cette assiette — この皿

セ タス
ces tasses — これらのカップ

🐸 母音で始まる男性単数名詞の前で ce は **cet** になります. ce étudiant → **cet** étudiant

 exercices 2 指示形容詞を（　　）に入れましょう.

① （　　　　） abricot　② （　　　　） cuillère

③ （　　　　） couteau　④ （　　　　） fourchettes

🐸 abricot 男：アプリコット／ cuillère 女：スプーン／ couteau 男：ナイフ／ fourchette 女：フォーク

 **Grammaire 3** 動詞 **faire** の直説法現在の活用

faire は「～をする, 作る」などさまざまな意味で日常よく用いられる動詞です. 極めて不規則な活用変化をします

🔊 32

フェール	
faire（する）	
ジュ フェ	ヌ フゾン
je **fais**	nous **faisons**
テュ フェ	ヴ フェット
tu **fais**	vous **faites**
イル フェ	イル フォン
il **fait**	ils **font**

Je **fais** des courses.　私は買い物をする.

Elle **fait** un gâteau pour nous.
彼女は私たちのためにケーキを作ってくれる.

🐸 faire des courses：買い物をする

 exercices 3 動詞 faire を活用させましょう.

① vous ＿＿＿＿　② nous ＿＿＿＿　③ Louis ＿＿＿＿

④ je ＿＿＿＿　⑤ tu ＿＿＿＿　⑥ Aya et Emma ＿＿＿＿

33 *Dialogue 2* 同じ班の Aya と Emma がそれぞれの料理の分担を確認しています. Dialogue 1 で出てきた近接未来の表現 je vais 〜「私は〜をするつもりだ」が使われていますね. ここでは「切り分ける」「ボイルする」などの料理用語も覚えましょう.

Emma : **Je vais découper cette daurade.**

Elle est belle, n'est-ce pas ?

Aya : **Oui, ça a l'air bon.**

Et moi, je vais faire bouillir ces

pommes de terre.

Emma : **D'accord.**

découper：切り分ける／belle：美しい（女性形. 男性形は beau, 複数形は beaux）／n'est-ce pas？：相手に念を押す言い方で「でしょう？」／avoir l'air 〜：〜のように見える／Ça a l'air bon！：「おいしそう！」. ça は指示代名詞 cela「これ（それ，あれ）」のくだけた形／faire bouillir：ボイルする

Mini exercices 4　Dialogues 1. 2 について，質問に答えましょう.

① Qu'est-ce qu'Aya et Emma vont faire avec la daurade ?

_____

② Qu'est-ce qu'elles vont faire comme garniture ?

_____

③ Qu'est-ce qu'Emma va découper ?

_____

④ Est-ce qu'Aya va faire bouillir la daurade ?

_____

34 *Vocabulaire et Expressions*

食事をするときよく用いられる表現を覚えましょう.

À table !：ご飯ですよ，食卓にどうぞ！／ Bon appétit !：食事をしようとする人に言う決まり文句「召し上がれ！」／À votre santé !（Santé !）：乾杯をするときの言葉「ご健康を祝して！」／Merci, c'était délicieux. ありがとう，おいしかったです.

Exercices

 1 次の文を近接未来形にしましょう.

① Le train arrive. ....

② Je fais des éclairs. ....

③ Vous faites des courses ? ....

④ Marie va à l'école ? ....

⑤ Tu parles avec Jean ? ....

 2 （　　）に適当な指示形容詞を入れましょう.

① (　　　　　　　) assiette est petite.

② (　　　　　　　) verre est à Marie.

③ (　　　　　　　) tasses sont jolies.

④ (　　　　　　　) table est grande.

⑤ (　　　　　　　) abricot est très bon.

 3 文を聞き取り，応答として正しい方に○を付けましょう.

🔊 **35**

①
....
a. Oui, je vais faire la cuisine.　　　　b. Oui, il va faire la cuisine.

②
....
a. Oui, on va chanter.　　　　b. Oui, on fait chanter.

③
....
a. Oui, ils vont travailler demain.　　　　b. Oui, nous allons travailler demain.

④
....
a. Non, elle ne va pas aller à Dijon.　　　　b. Oui, elle va aller à Paris.

⑤
....
a. Oui, il aime bien ces livres.　　　　b. Oui, j'aime bien ce livre.

4 下線部を下の（　　）内の語に置き換えて，隣の人と会話しましょう.

A：Qu'est-ce que tu vas faire demain ?

B：Je vais <u>faire des courses</u>.

（faire du ski：スキーをする／ téléphoner à Jacques：ジャックに電話する／ voir Marie：マリーに
会う／ faire une promenade：散歩する）

Leçon 5

33

Leçon 6 ★★★

おすすめは何ですか？

basilic

🔊 36 　Dialogue 1 　Aya が市場に買い物にやって来ました．自家製のテリーヌを売る店で立ち止まり，眺めています．ここでは，値段の言い方や「誰の〜」を表す所有形容詞，「〜は何ですか？」と尋ねるときに使う疑問形容詞などを学びましょう．

Aya :	Quelle est votre spécialité ?
La marchande :	C'est la terrine de canard.
Aya :	Ça coûte combien ?
La marchande :	Ça coûte trente euros le kilo.
Aya :	Oh, c'est pas cher.

🐸 spécialité 囡：おすすめ，名物料理／ marchand(e)：商人／ terrine de canard：鴨のテリーヌ／ coûter 〜：値段が〜する／ combien：どれだけ／ trente euros：30ユーロ／ le kilo：1キロあたり／ c'est pas 〜：会話では否定 の ne を省くことがよくあります．／ cher：「(値段が) 高い」．女性形は chère.

Grammaire ① 所有形容詞

　「誰の〜」という所有を表す形容詞です．所有者の人称と数だけでなく，所有される名詞の性・数によっても形が変わることに注意しましょう．

	男性単数	女性単数	男・女複数
私の	mon	ma	mes
君の	ton	ta	tes
彼(彼女)の	son	sa	ses
私たちの	notre	notre	nos
あなた(方)の	votre	votre	vos
彼(彼女)らの	leur	leur	leurs

mon portable 　　　私の携帯電話
ta voiture 　　　　君の車
son vélo 　　　　　彼 (彼女) の自転車
nos enfants 　　　　私たちの子供たち
votre maison 　　　あなた (方) の家
leur école 　　　　彼 (彼女) らの学校

🐸 ma, ta, sa は，母音または無音の h で始まる語の前では mon, ton, son になります．ma école → mon école, sa épouse → son épouse (彼の妻)

Mini **exercices 1**　所有形容詞を（　　　）に入れましょう.

① 私の（　　　　　） famille　② 君の（　　　　　） sœurs　③ 彼の（　　　　　） prénom

④ 私たちの（　　　　　） parents　⑤ あなたの（　　　　　） grand-mère　⑥ 彼らの（　　　　　） cousins

🐸 famille〔ファミーユ〕 [女]：家族／ sœur〔スール〕：姉妹／ prénom〔プレノン〕 [男]：ファーストネーム／ parents〔パラン〕 [男・複]：両親／
grand-mère〔グラン メール〕：祖母／ cousin〔クザン〕：従兄弟

Grammaire **2**　**疑問形容詞**

「何」「どんな」「どれ」と尋ねるときに用いる形容詞です. それが付く名詞の性・数によって形が
異なることに注意しましょう（発音は同じです）.

男性単数	女性単数	男性複数	女性複数
quel〔ケル〕	**quelle**〔ケル〕	**quels**〔ケル〕	**quelles**〔ケル〕

Quel est votre nom ?〔ケ レ〕　あなたの名前は何ですか？

Quelles fleurs aimez-vous ?〔フルール〕

あなたはどんな花が好きですか？

Mini **exercices 2**　疑問形容詞を（　　　）に入れましょう.

① （　　　　　　） adresse ?　② （　　　　　　） musée ?

③ （　　　　　　） langues ?　④ （　　　　　　） hôtels ?

🐸 adresse〔アドレス〕 [女]：住所／ musée〔ミュゼ〕 [男]：美術館／ langue〔ラング〕 [女]：言語／ hôtel〔オテル〕 [男]：ホテル

Grammaire **3**　**動詞 pouvoir の直説法現在の活用**　（Dialogue 2）

pouvoir はその後に動詞の原形（不定詞）を従えて「〜することができる」「〜してもよい」な
どの意味になります. 不規則な活用をする動詞です.

🔊 **37**

pouvoir〔プヴォワール〕（〜することができる）	
je peux〔ジュ プ〕	nous pouvons〔ヌ プヴォン〕
tu peux〔テュ プ〕	vous pouvez〔ヴ プヴェ〕
il peut〔イル プ〕	ils peuvent〔イル プーヴ〕

Je ne **peux** pas travailler ce soir.
私は今夜は働くことができない.

Est-ce que je **peux** fumer ?〔フュメ〕
たばこを吸ってもいいですか？

🐸　je peux は倒置疑問文で Puis-je 〜? になります. **Puis-je** fumer ?　たばこを吸ってもいいですか？

Mini **exercices 3**　動詞 pouvoir を活用させましょう.

① tu ＿＿＿＿＿＿　② Aya ＿＿＿＿＿＿　③ je ＿＿＿＿＿＿

④ nous ＿＿＿＿＿＿　⑤ vous ＿＿＿＿＿＿　⑥ Aya et Emma ＿＿＿＿＿＿

38 **Dialogue 2** Aya は，次にワインの店に立ち寄りました．店の人に未成年と間違われて
いるようです．Grammaire 3 で学んだ pouvoir が出てきます．年齢を表
す avoir の表現にも注意しましょう．

Aya : **Bonjour．Est-ce que je peux goûter ce Bordeaux ?**

La marchande : **Mais, quel âge avez-vous ?**

Aya : **J'ai vingt ans.**

La marchande : **Vraiment ? Vous faites très jeune !**

goûter：味見する／Bordeaux：「ボルドー」．ここではボルドーワインのこと．／âge 男：年齢／an(s) 男：「歳」．「私
は～歳です」と年齢を言う場合は avoir を用いて J'ai ～ an(s)．／Vraiment ?：本当に？／jeune：「若い」．《faire +
形容詞》で「～に見える」．

---

 exercices 4   Dialogues 1，2 について，質問に答えましょう．

① La terrine de canard coûte combien ?

② La terrine de canard est chère ?

③ Quel âge a-t-elle, Aya ?

④ Est-ce qu'Aya fait jeune ?

 39 *Vocabulaire et Expressions*

数の読み方を覚えましょう（1～30）．

アン　ユヌ 1 un／une	ドゥ 2 deux	トロワ 3 trois	カトル 4 quatre	サンク 5 cinq
スィス 6 six	セット 7 sept	ユイット 8 huit	ヌフ 9 neuf	ディス 10 dix
オーンズ 11 onze	ドゥーズ 12 douze	トレーズ 13 treize	カトールズ 14 quatorze	カーンズ 15 quinze
セーズ 16 seize	ディス セット 17 dix-sept	ディズ ユイット 18 dix-huit	ディズ ヌフ 19 dix-neuf	ヴァン 20 vingt
ヴァン テ アン ユヌ 21 vingt et un (une)		ヴァント ドゥ 22 vingt-deux	ヴァント トロワ 23 vingt-trois …	トラント 30 trente

Exercices

1 指示に従い，（　　　）に適当な所有形容詞を入れましょう.

① C'est（　　　　　　　）spécialité.（私の）

② C'est（　　　　　　　）cousin.（私の）

③ Tu habites avec（　　　　　　）parents ?（君の）

④ Ce sont（　　　　　　）enfants.（彼女の）

⑤ Je cherche（　　　　　　）vélo.（彼の）

2（　　）に適当な疑問形容詞を入れましょう.

①（　　　　　　　）est votre prénom ?

②（　　　　　　　）est leur maison ?

③（　　　　　　　）est ton sac ?

④（　　　　　　　）langues aimez-vous ?

⑤（　　　　　　　）gâteaux aimes-tu ?

3 文を聞き取り，応答として正しい方に○を付けましょう.

🔊 40

①

　　a. C'est la tarte Tatin.　　　　b. Oui, j'ai une spécialité.

②

　　a. Mon nom, c'est Louis Ferrier.　b. Il s'appelle Louis Ferrier.

③

　　a. J'ai 30 euros.　　　　　　　b. J'ai 25 ans.

④

　　a. J'ai deux euros.　　　　　　b. Ça coûte deux euros.

⑤

　　a. Oui, tu peux goûter.　　　　b. Oui, tu vas goûter.

4 下線部に自分の名前と年齢を入れて，隣の人と会話しましょう.

A：Quel est ton nom ?

B：Mon nom, c'est＿＿＿＿＿＿＿.

A：Quel âge as-tu ?

B：J'ai＿＿＿＿＿ans.

Leçon 6

市場 (marché) で買い物をしよう！

パリの広場や大通りでは，週末を中心に朝から午後の2時くらいまで，あちこちに朝市が立ち，新鮮な野菜，果物，肉，魚，乳製品などを求めにやってくる人々でにぎわいます．

パリ11区リシャール・ルノワール大通りで開かれるバスティーユ (Bastille) の朝市．毎週木，日が開催日．食料品の他に衣料品や雑貨も売られています．店の人にはBonjour!と言ってから買い物をしましょう．

オレンジやリンゴなどは個数で，サクランボやイチゴなどはグラムで買うといいでしょう．

   スィ   ボム   スィル ヴ プレ
— Six pommes, s'il vous plaît.
リンゴを6つください．

  トロワ サン グラム ドゥ スリーズ
— Trois cents grammes de cerises, s'il vous plaît.
サクランボを300gください．

値段を尋ねるときは

  サ フェ コンビヤン
— Ça fait combien ?
いくらになりますか？

必ず現金で払います．

  サ フェ トロワ ズーロ ヴァン
— Ça fait trois euros vingt.
3ユーロ20サンチームになります．

マルシェで見かける珍しい食材

フランスには日本ではなかなかお目にかかれない珍しい食材があります．マルシェで Qu'est-ce que c'est？（ケ スク セ）「これは何ですか？」と気軽に尋ねてみましょう．親切に教えてくれるはずです．

des pêches plates
（ペッシュ プラート）
（平桃）

まんじゅうみたいな形．果肉がやや固く，汁が垂れないので食べやすい．とても甘い．

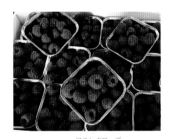

des framboises
（フランボワーズ）
（キイチゴ）

他にも小粒の果物がたくさんある．des mirabelles（ミラベル）des myrtilles（ミルティーユ）（ブルーベリー）など．

des endives
（アンディーヴ）
（チコリ）

ほろ苦く，1枚ずつはがしてサラダやグラタンなどに．

des artichauts
（アルティショ）
（朝鮮アザミ）

ゆでて，ガクの付け根と中心の花芯を食べる．

des girolles
（ジロール）
（アンズタケ）

フランスはきのこが豊富．ソテーして肉料理の付け合わせに．

des radis
（ラディ）
（ハツカダイコン）

バターや塩を付けて，オードブルとして食べる．

du foie gras
（フォワ グラ）
（フォワグラ）

言わずと知れた世界3大珍味の一つ．テリーヌかソテーして食べる．

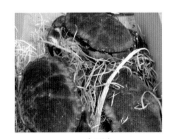

des tourteaux
（トゥルト）
（イチョウガニ）

フランスで見る蟹はほとんどがこれ．身は少ないがみそが美味．

du poulet
（プレ）
（若鶏）

1匹丸ごとの若鶏．香ばしく美味．

Leçon 7
★★★

それは誰ですか？

🔊 41 **Dialogue 1** Louis が Aya に，有名レストランのシェフの講演会があると言っています．
ここでは，「何？」「誰？」と尋ねる場合に用いる疑問代名詞を学びましょう．

Louis : **Que faites-vous demain ?**

Aya : **Rien de spécial.**

Louis : **Il y a une conférence de Jean Simon.**

Aya : **Qui est-ce ?**

Louis : **C'est un grand chef d'un restaurant deux étoiles.**

🐸 リャン ドゥ スペスィヤル
rien de spécial：特に何もない／il y a ～：～がある（Grammaire 2）／conférence 囡：講演会／grand：偉
シェフ
大な／chef 團：シェフ(女性も同形)／restaurant 團：レストラン／étoile 囡：(レストランの格付けの) 星

Grammaire **1** 疑問代名詞 qui, que

「誰？」と人について尋ねる疑問代名詞 qui と，「何？」と物について尋ねる疑問代名詞 que（qu'）
があります．いずれも主語，直接目的語，属詞になります．

1）主語を問う場合
「誰が」：**Qui**（**Qui est-ce qui**）**chante ?**　　誰が歌っているんですか？
「何が」：**Qu'est-ce qui ne va pas ?**　　　　何がうまくいかないのですか？

2）直接目的語を問う場合
「誰を」：**Qui cherchez-vous ? Qui est-ce que vous cherchez ?** あなたは誰を探しているのですか？
「何を」：**Que faites-vous ?**　　**Qu'est-ce que vous faites ?**　　あなたは何をしているのですか？

3）属詞を問う場合
「誰」：**Qui êtes-vous ?**　　　あなたは誰ですか？
「何」：**Qu'est-ce que c'est ?**　それは何ですか？

🐸 くだけた言い方で文末に疑問代名詞をもってくることもできます．このとき que は quoi になります．
C'est quoi ?（それは何？）．また疑問代名詞の前に前置詞を置くこともできます．**Avec qui** travaillez-
vous ?（誰と働くんですか？）

Mini exercices 1　qui か que（qu'）を（　　　）に入れましょう.

① (　　　　　　) aimes-tu ?（誰を）
② (　　　　　　) font-ils ?（何を）
③ (　　　　　　) est-ce que vous faites ?（何を）
④ (　　　　　　) aime cette chanson ?（誰が）

Grammaire 2　il y a ～

il は非人称主語（→ leçon 12）で, il y a ～は「～がある, ～がいる」と, 物や人の存在を表す言い方です. il y a の後は単数名詞でも複数名詞でもかまいません.

il y a ＋ 単数・複数名詞（イリヤ）

Il y a une voiture devant la maison.　家の前に車が1台ある.
Il y a des élèves dans la classe.　教室に生徒たちがいる.

否定文は il **n'**y a **pas** ～, その後の不定冠詞は de. Il **n'** y a **pas de** pommes.　リンゴはありません.

Mini exercices 2　il y a を使って, 次のものが「ある」「いる」という文を書きましょう.

① ……………………（1個のケーキ）　② ……………………（数台の車）
③ ……………………（数人の子供たち）　④ ……………………（1軒の家）

Grammaire 3　定冠詞の縮約　（Dialogue 2）

定冠詞 le と les は, その前に「～へ, ～に」などを意味する前置詞の à と,「～から, ～の」などを意味する前置詞の de が来ると, それらの前置詞と合体した形になります.

à + le → **au**
à + les → **aux**
de + le → **du**
de + les → **des**

Je vais **au** restaurant.　私はレストランに行きます.
Je vais **aux** Pays-Bas.　私はオランダに行きます.
la capitale **du** Canada　カナダの首都
Il vient **des** États-Unis.　彼はアメリカ合衆国から来る.

capitale 女：首都／vient：venir　来る（→ Leçon 9）

à + la (l'), de + la (l') は縮約しません. Je vais **à la** gare.（駅に行く）. Je rentre **de l'**école.（学校から帰る）

Mini exercices 3　適当な定冠詞の縮約形を（　　　）に入れましょう.

① Je vais (　　　　　) toilettes.　② Vous allez (　　　　　) café ?
③ Il vient (　　　　　) Japon.　④ la capitale (　　　　　) États-Unis

toilettes 女・複：トイレ／café 男：カフェ／Japon 男：日本

42　**Dialogue 2**　Aya が Emma を Jean Simon のレストランに誘っています．Grammaire
3 で学んだ「定冠詞の縮約」が用いられていますね．

> Aya :　Tu ne veux pas aller au restaurant de Jean Simon ?
>
> Emma :　Pourquoi pas ?
>
> 　　　　Il est où, son restaurant ?
>
> Aya :　Il est dans le sixième arrondissement,
>
> 　　　　près du musée Delacroix.

veux：vouloir「〜したい」の活用形．Tu ne veux pas 〜？で「〜しない？」と人を誘う言い方．→ Leçon 8 ／
Pourquoi pas ?：「いいよ」（誘いに同意するときの言い方）／ où：どこに／ le sixième arrondissement：「（パ
リの）6区」．数字に -ième を付けると序数（〜番目）になります．trois → troisième（3番目）／ près de 〜：
〜のそばに／ musée 男：美術館／ Delacroix：19 世紀のフランス人画家

Mini exercices 4　　Dialogues 1，2 について，質問に答えましょう．

① Quelle conférence y a-t-il demain ?

　　　　　　　　　　　　　　　　　　　　　　　　　　　　　　　

② Qui est Jean Simon ?

　　　　　　　　　　　　　　　　　　　　　　　　　　　　　　　

③ Emma veut aller au restaurant de Jean Simon ?

　　　　　　　　　　　　　　　　　　　　　　　　　　　　　　　

④ Dans quel arrondissement est le restaurant de Jean Simon ?

　　　　　　　　　　　　　　　　　　　　　　　　　　　　　　　

43　***Vocabulaire et Expressions***

疑問副詞を覚えましょう．

Comment rentrez-vous ?	どうやって帰りますか？	(rentrer：帰る)
Combien pesez-vous ?	体重はどれくらいありますか？	(peser 〜：〜の重さがある)
Où habitez-vous ?	どこに住んでいますか？	
Quand partez-vous ?	いつ出発しますか？	(partir：出発する)
Pourquoi pleurez-vous ?	なぜ泣いているんですか？	(pleurer：泣く)

Exercices

1 応答に対する質問として適当な疑問代名詞を（　　）に入れましょう.

① （　　　　　　　）'est-ce que vous cherchez ?　　− Je cherche mon livre.

② （　　　　　　　）habite dans cette maison ?　　− C'est Jean.

③ （　　　　　　　）'est-ce que c'est ?　　　　　　− C'est un portable.

④ （　　　　　　　）est-ce ?　　　　　　　　　　− C'est son père.

⑤ （　　　　　　　）fais-tu ?　　　　　　　　　　− Je fais la cuisine.

2 下の [ ] の中から最も適当なものを選び，（　　　　）に入れましょう.

① On va（　　　　　　　）restaurant ?

② Il habite près（　　　　　　　）musée.

③ Je vais（　　　　　　　）États-Unis.

④ Il rentre（　　　　　　　）école.

⑤ Tu es（　　　　　　　）maison ?

　　[　du　de l'　aux　au　à la 　]

3 文を聞き取り，応答として正しい方に○を付けましょう.

🔊 **44**

①

a. Je cherche Jean.　　　　　　　b. Je cherche mon portable.

②

a. J'aime Paul.　　　　　　　　　b. J'aime le chocolat.

③

a. Oui, il a une conférence demain.　b. Non, il n'y a pas de conférence demain.

④

a. J'habite avec mes parents.　　　b. J'habite dans le sixième arrondissement.

⑤

a. Non, il va au Japon.　　　　　　b. Oui, il va aux États-Unis.

4 下線部を下の（　　　）内の語に置き換えて，隣の人と会話しましょう.

A：Qu'est-ce que tu fais demain ?

B：Rien de spécial.

A：Tu ne veux pas aller <u>au restaurant</u> avec moi ?

B：Pourquoi pas ?

　（cinéma 男：映画館／ campagne 女：田舎／ théâtre 男：劇場／ plage 女：海辺）

Leçon 8 ★★★

冷たいものが欲しい

🔊 **45** *Dialogue 1* 🐸 Aya と Emma が Jean Simon の店にやって来ました．まずアペリティフ（食前酒）を頼もうとしています．ここでは，日常よく使う動詞 vouloir と prendre，そして数えられない名詞に付ける部分冠詞を学びましょう．

Emma : **Qu'est-ce que tu veux comme boisson, Aya ?**

Aya : **Moi, je voudrais boire quelque chose de frais.**

J'ai très soif.

Emma : **Bon, il y a du vin, du kir, de la bière…**

Aya : **Alors, je prends un kir royal.**

🐸 comme ～:「～として」．その後は無冠詞名詞／ boisson 囡:飲み物／ je voudrais ～:～したいのですが／ boire:飲む（活用形は巻末参照）／ quelque chose de ～:～に男性単数形の形容詞が来て「何か～なもの」／ frais :冷たい（女性形は fraîche）／ bon:話し始めるとき用いて「では」／ vin 男:ワイン／ kir 男:「キール」．カシスのリキュールを白ワインで割った飲み物．kir royal はシャンパンで割ったもの／ bière 囡：ビール／ alors：では

Grammaire ① 動詞 vouloir と prendre の直説法現在の活用

vouloir は「～が欲しい」，またその後に不定詞を従えて「～したい」などの意味になります．
prendre は「～を手に取る，（食事など）をとる」などさまざまな意味で日常よく用いられる動詞です．

🔊 **46**

vouloir（～したい）	
je veux	nous voulons
tu veux	vous voulez
il veut	ils veulent

prendre（取る）	
je prends	nous prenons
tu prends	vous prenez
il prend	ils prennent

🐸 je voudrais ～ は vouloir の「条件法現在」の活用形ですが，ここでは「～したいのですが」と，願望を述べる語調緩和表現として覚えましょう（→文法補遺 p.78 参照）．

Qu'est-ce que tu **veux** comme cadeau ?	プレゼントに何が欲しい？
Je **voudrais** réserver une chambre.	（ホテルの）部屋を予約したいのですが．
Elle **prend** son sac.	彼女はバッグを手に取る．

Je **prends** un café.   私はコーヒーにします.

🐸 cadeau 男：プレゼント／ réserver：予約する／ chambre 女：部屋

Grammaire **2** 部分冠詞

　不定冠詞が「1つ，2つ」と数えられる名詞に付くのに対し，部分冠詞は数えられない名詞，例えば「水」や「肉」などの物質名詞や，「愛」「友情」などの抽象名詞に付いて，「いくらかの」を表します．部分冠詞はそれが付く名詞の性によって変化します.

du vin　　　いくらかのワイン

de la viande　　いくらかの肉

🐸 母音または無音の h（→ p.22）で始まる名詞の前では, du, de la が de l' になります. → **de l'argent**（お金）, **de l'eau**（水）. また否定形では, 直接目的語の前に付く部分冠詞は de（d'）になります. → **Je n'ai pas d'argent.**（お金がない.）

---

 exercices **1**　部分冠詞を（　　）に入れましょう.

① (　　　　　) lait　　② (　　　　　) soupe　　③ (　　　　　) poisson

④ (　　　　　) huile　　⑤ (　　　　　) thé　　⑥ (　　　　　) amour

🐸 lait 男：牛乳／ soupe 女：スープ／ poisson 男：魚／ huile 女：オイル／ thé 男：紅茶／ amour 男：愛

Grammaire **3** 女性形容詞の特殊な形

女性形容詞は原則として男性形に -e を付けますが，特殊な形になる女性形容詞があります.

男性形	女性形		男性形	女性形	
jeune	jeune	若い	heureux	heureuse	幸せな
gentil	gentille	親切な	bon	bonne	よい
actif	active	積極的な	beau/ bel *	belle	美しい

🐸 beau は母音または無音の h で始まる男性名詞の前で bel になります. **bel arbre**　美しい木

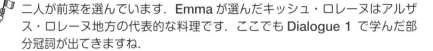

48 🔊 *Dialogue 2* 二人が前菜を選んでいます．Emma が選んだキッシュ・ロレーヌはアルザ
ス・ロレーヌ地方の代表的な料理です．ここでも Dialogue 1 で学んだ部
分冠詞が出てきますね．

Emma : **Comme entrée, qu'est-ce que tu prends ?**

Aya : **Moi, je voudrais bien goûter**

les « Légumes de saison en gelée ».

Emma : **Et moi, la quiche lorraine.**

Aya : **Qu'est-ce qu'il y a dedans ?**

Emma : **Du lard fumé, du fromage et des épinards.**

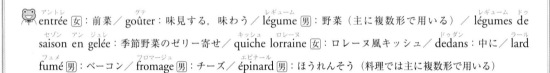

🐸 entrée 女：前菜／ goûter：味見する，味わう／ légume 男：野菜（主に複数形で用いる）／ légumes de
saison en gelée：季節野菜のゼリー寄せ／ quiche lorraine 女：ロレーヌ風キッシュ／ dedans：中に／ lard
fumé 男：ベーコン／ fromage 男：チーズ／ épinard 男：ほうれんそう（料理では主に複数形で用いる）

Mini *exercices 2*　Dialogues 1，2 について，質問に答えましょう．

① Qu'est-ce qu'il y a comme boissons fraîches ?

_____

② Qu'est-ce qu'Aya prend comme boisson ?

_____

③ Comme entrée, qu'est-ce qu'Emma prend ?

_____

④ Qu'est-ce qu'il y a dans la quiche lorraine ?

_____

49 🔊 *Vocabulaire et Expressions*

数量の表現を覚えましょう．de の後は無冠詞名詞が来ることに注意してください．

un peu de sel　少しの塩	**un kilo de viande** 1キロの肉
assez de pain　十分なパン	**un litre de lait**　1リットルの牛乳
beaucoup de fruits 多くの果物	**un verre d'eau**　グラス1杯の水
trop de sucre　あまりに多くの砂糖	**une bouteille de vin** ボトル1本のワイン

46

1 (　　　) に vouloir の活用形（直説法現在）を入れましょう.

① Tu (　　　) de l'eau ?　－ Oui, je (　　　) bien. Merci.

② Qu'est-ce qu'il (　　　) faire demain ?　－ Il (　　　) aller au cinéma.

③ (　　　)-vous un verre d'eau ?　－ Non merci, je (　　　) du thé.

④ Nous (　　　) aller aux États-Unis, mais il ne (　　　) pas.

⑤ Louis (　　　) du vin rouge, et Aya et Emma (　　　) du vin blanc.

2 (　　　) に適当な部分冠詞を入れましょう.

① Elle veut manger (　　　　　) soupe avec (　　　　　) pain.

② Est-ce que vous voulez (　　　　　) huile pour ce plat ?

③ Vous prenez (　　　　) viande ou (　　　　) poisson ?

④ Ils prennent (　　　　) bière et nous prenons (　　　　) kir.

⑤ Tu veux (　　　　) vin ou (　　　　) eau ?

3 文を聞き取り，応答として正しい方に○を付けましょう.

🔊 50

① ....

　　a. Oui, il a du fromage.　　b. Il y a du fromage.

② ....

　　a. Je voudrais du vin.　　b. Non, je voudrais du pain.

③ ....

　　a. Oui, je veux bien.　　b. Oui, il veut bien.

④ ....

　　a. Non, merci.　　b. Non, je veux bien.

⑤ ....

　　a. Je voudrais de la bière.　　b. Je voudrais une quiche lorraine.

4 下線部を下の (　　　) 内の語に置き換えて，隣の人と会話しましょう.

A：Qu'est-ce que tu veux boire ?

B：Je voudrais boire <u>du thé</u>.

　　Et toi ? Qu'est-ce que tu veux ?

A：Moi, je prends <u>du café</u>.

　　（du vin / de la bière / de l'eau / du café au lait）

レストランに行こう！

フランスに行ったら，一度はレストランでおいしい食事をしたいものです．でも，どこに行けば？何をどう注文したらいいの？などと考えると，なかなか決心がつかないもの．ここではフランスのレストランの楽しみ方を学びましょう．

レストランを選ぼう

レストランには様々なスタイルやクラスがあって，値段も出されるものも様々です．食事の目的によって適当なレストランを選ぶ必要があります．

レストラン (un restaurant)

いわゆるレストランは星付きの高級レストランからカフェもかねたカジュアルなカフェ・レストランまで様々．

ブラスリ (une brasserie)

アルザス料理中心の大型大衆レストラン．深夜までノンストップでやっていて気軽に入れる．

ビストロ (un bistro)

こじんまりした大衆レスランで家庭料理を安く手軽に食べられる．

クレープ専門店 (une crêperie)

ガレットというそば粉のクレープとデザートの甘いクレープが出される．

ムール貝専門店

ベルギーが本拠のムール貝専門のチェーン店．ベルギービールがおいしい．

アラブ系レストラン

北アフリカ料理のクスクスやタジンが食べられる．

レストランに入ろう

店に入ると案内係に Vous avez réservé ?「予約してありますか？」と聞かれます．予約してあるなら Oui, j'ai une réservation au nom de Suzuki.「鈴木の名前で予約してあります」のように答えましょう．予約してなくても席があれば入れてくれます．Vous êtes combien ?「何名さまですか？」と聞かれたら Nous sommes trois.「3名です」のように答えます．これで席に案内してくれます．

席につくとメニュー (carte) を持ってきてくれます．このとき Voulez-vous boire quelque chose ?「何かお飲みになりますか？」と聞かれたら食前酒 (apéritif) のことですから，例えば Un kir, s'il vous plaît.「キールをお願いします」と言えばいいでしょう．

料理を注文するときは，メニューを指して Je prends ce menu.「このコースにします」と言えば簡単．コースは前菜，メイン，デザートの中から1品ずつ選びます．メニューを指差して Je prends ceci.「これにします」．Et comme boisson?「飲み物は？」と聞かれますが，無料の水でいいのなら Une carafe d'eau, s'il vous plaît. と言えばカラフ入りの水を持ってきてくれます．

食事がおわったら会計をしますが，フランスではテーブルで支払います．L'addition, s'il vous plaît.「お勘定をお願いします」といえば来てくれます．チップ (pourboire) は含まれていますからあげる必要はありませんが，サービスがいいと感じたら，心付けで2，3ユーロ置けばいいでしょう．

● メニューを読み解こう！

メニュー (carte) にはコース料理 (menu) とアラカルト (à la carte) がありますが，お値打ちなのはコース料理です．普通は値段が異なるいくつかのコースがあります．前菜 (entrée)，メインディッシュ (plat)，デザート (dessert) の中からそれぞれ1つを選びますが，ランチでは《前菜＋メイン》か《メイン＋デザート》というスタイルも多くなっています．デザートはメインが終わってから選ぶのが普通です．

Menu à 25 euros （25ユーロのコース）

Terrine maison du moment
（自家製テリーヌ）

ou （または）   ←前菜

Crostini chaud de saumon et sa petite salade de saison
（サーモンの暖かいトーストと季節のサラダ）

Noix de St-Jacques rôtie et gros ravioles
（ローストしたホタテ貝とラビオリ）

ou   ←メイン

Poisson du jour
（本日の魚）

Assiette de fromages
（チーズ盛り合わせ）

ou   ←デザート

Dessert au choix à la carte
（アラカルトにあるデザートの中から）

Leçon 9
★★★
romarin

手伝ってくれますか？

🔊 **51** *Dialogue 1* Louis の授業で，Aya が鴨肉のローストの作り方を学んでいます．食材や調理の語彙がいろいろ出てきますね．文法事項としては「〜したばかりだ」という近い過去の言い方や「誰に，何を」などを表す補語人称代名詞を学びます．

🧑 Louis : **On vient d'enlever une partie du gras des magrets.**

Voilà les magrets de canard sans gras.

Maintenant, on va les saisir dans

la cocotte bien chaude.

(*à Aya*) Vous pouvez m'aider ?

👩 Aya : **Oui, bien sûr.**

🐸 enlever：取り除く／ partie 囡：部分／ gras 團：（肉の）脂身／ magret 團：（鴨・がちょうなどの）胸肉（ささみ）／ voilà 〜：これが〜です／ sans 〜：〜なしの／ maintenant：今度は／ saisir：（肉を）さっと強火で焼く／ cocotte 囡：ココット（蓋付き両手鍋）／ chaud(e)：熱い／ aider：助ける／ bien sûr：もちろん

Grammaire **1** **動詞 venir と近接過去**

　venir は「来る」という意味の不規則動詞ですが，その後に《de ＋不定詞》が来ると「〜したところだ」という近い過去を表す意味になります．

🔊 **52**

venir（来る）

je viens	nous venons
tu viens	vous venez
il vient	ils viennent

① Tu **viens** avec moi ?　僕と一緒に来る？

② Je **viens** de manger.　今食べたばかりです．

🐸 ①の venir は「来る」の意味，
　②は《venir de ＋ 不定詞》で近接過去「〜したところだ」．

50

　Dialogue 1 に出てくる saisir のように，語尾が -ir で終わるものの中には第2群規則動詞，または -ir 動詞と呼ばれるものがあります．このグループの動詞は語尾が規則的に変化します．代表的な動詞に finir（終わる・終える）があります．

》53

> フィニール
> **finir**（終える・終わる）
>
> | ジュ フィニ je finis | ヌ フィニソン nous finissons |
> | テュ フィニ tu finis | ヴ フィニセ vous finissez |
> | イル フィニ il finit | イル フィニス ils finissent |

Je viens de **finir** mon repas. 食事を終えたところです.
ルパ

Le concert **finit** à minuit. コンサートは午前0時に終わる.
コンセール　　ミニュイ

🐸 他に choisir（選ぶ），obéir（従う）など．
ショワズィール　　　オベイール

Mini exercices 1 -ir 動詞 choisir を活用させましょう．

① je ＿＿＿＿＿＿＿　② tu ＿＿＿＿＿＿＿　③ il ＿＿＿＿＿＿＿

④ nous ＿＿＿＿＿＿＿　⑤ vous ＿＿＿＿＿＿＿　⑥ ils ＿＿＿＿＿＿＿

　動詞の補語（＝目的語）になる人称代名詞を補語人称代名詞と呼びます．そのうち，動詞の後に直接置かれる名詞に代わって，多く「〜を」の意味になるものを直接補語人称代名詞，《前置詞 à ＋人を表す名詞》に代わって，多く「〜に」の意味になるものを間接補語人称代名詞と呼びます．どちらも動詞の直前に置かれます．直接補語は直接目的語，間接補語は間接目的語とも言います．

主語	je	tu	il	elle	nous	vous	ils	elles
直接目的語	ム **me**	トゥ **te**	ル **le**	ラ **la**	ヌ **nous**	ヴ **vous**	レ **les**	**les**
間接目的語	**me**	**te**	リュイ **lui**	**lui**	**nous**	**vous**	ルール **leur**	**leur**

🐸 me, te, le, la はエリズィヨンしてそれぞれ m', t', l', l' になります．直接目的語の3人称 le, la, les は，人だけでなく，物も表します．否定文は《主語 ＋ ne ＋ 補語人称代名詞 ＋ 動詞 ＋ pas》

Je t'aime. 私は君を愛している．（直接目的語）

Paul **la** cherche. ポールは彼女（それ囡）を探している．（直接目的語）

Je **te** prête ce livre. 君にこの本を貸してあげるよ．（間接目的語）

Claire **leur** donne du chocolat. クレールは彼（彼女）らにチョコレートをあげる．（間接目的語）

Je **ne lui** téléphone **pas**. 私は彼に電話しない．（間接目的語）

🐸 prêter à A 〜：A に〜を貸す／ donner à A 〜：A に〜をあげる
プレテ　　　　　　　　　　　　　ドネ

　直接補語人称代名詞と間接補語人称代名詞を併用する場合→文法補遺 p.76 参照．

Mini exercices 2 指示に従って（　　）に補語人称代名詞を入れましょう．

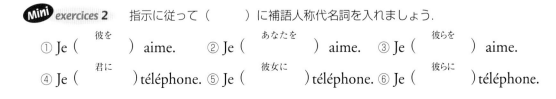

① Je（ 彼を ）aime.　② Je（ あなたを ）aime.　③ Je（ 彼らを ）aime.

④ Je（ 君に ）téléphone.　⑤ Je（ 彼女に ）téléphone.　⑥ Je（ 彼らに ）téléphone.

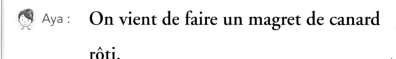

Dialogue 2 Aya が，違うクラスに出ていた Emma に授業の報告をしています．ここでも近接過去と補語人称代名詞が出ていますね．おさらいしましょう．

54

> Aya : On vient de faire un magret de canard rôti.
>
> Emma : Ah, j'adore ça.
> Tu peux me donner la recette, Aya ?
>
> Aya : Oui, voilà.

rôti：ローストした／ Tu peux 〜？：pouvoir を疑問文で用いて依頼を表します．「〜してくれますか？」／
recette 囡：レシピ／ voilà：「はい，どうぞ」

Mini exercices 3 Dialogues 1，2 について，質問に答えましょう．

① Quel plat Louis prépare-t-il ? （préparer：調理する）

_____

② Aya aide Louis ?

_____

③ Emma aime le magret de canard rôti ?

_____

④ Qu'est-ce qu'Aya donne à Emma ?

_____

55 *Vocabulaire et Expressions*

食材の名前を覚えましょう．

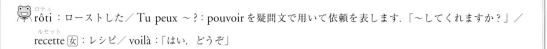

・légumes 野菜	・fruits 果物	・viandes 肉
carotte 囡：にんじん	orange 囡：オレンジ	bœuf 團：牛肉
pomme de terre 囡：じゃがいも	pomme 囡：リンゴ	poulet 團：鶏肉
oignon 團：玉ねぎ	poire 囡：洋梨	porc 團：豚肉
chou 團：キャベツ	cerise 囡：サクランボ	agneau 團：仔羊の肉

 1 次の文を近接過去にしましょう.

① Je finis mon travail. _____

② Jacques va au cinéma. _____

③ Le train arrive. _____

④ Nous prenons le repas. _____

⑤ On goûte de l'agneau. _____

 2 下線部を補語人称代名詞に変えて答えましょう.

① Tu cherches <u>Emma</u> ?   Oui, _____

② Il donne <u>ces fleurs</u> à sa sœur ?   Oui, _____

③ Prêtez-vous votre livre <u>à Jean</u> ? Oui, _____

④ Aimez-vous <u>votre professeur</u> ?   Non, _____

⑤ Vous donnez ces gâteaux <u>à vos enfants</u> ?   Non, _____

 3 文を聞き取り, 応答として正しい方に○を付けましょう.

56 ① _____

    a. Oui, il vient de manger.   b. Oui, il va manger.

② _____

    a. Oui, je viens de la finir.   b. Oui, je viens de le finir.

③ _____

    a. Oui, je la cherche.   b. Oui, je le cherche.

④ _____

    a. Oui, elle vient de la gare.   b. Oui, elle vient d'arriver.

⑤ _____

    a. Oui, voilà.   b. Oui, je lui donne un verre d'eau.

4 Aの下線部を下の（　　）内の語に置き換え, Bでそれに応じた補語人称代名詞を用いて, 隣の人と会話をしましょう.

A：Tu peux me prêter <u>ton stylo</u> ?

B：Voilà, tu peux <u>le</u> prendre.

（ta voiture / ton vélo / ces livres / ces CD^{セデ}）

Leçon 9

Leçon 10 ★★★ 鴨肉のローストを作りました

🔊 57 **Dialogue 1** 🐸 授業のはじめに，Louis が先週作った料理を確認しています．いよいよ過去形の登場です．フランス語にはいろいろな過去形がありますが，ここでは，複合過去を学びます．また英語にはない中性代名詞（en, y）も学びます．

👨 Louis : **On a fait un magret de canard rôti la semaine dernière.**

Aujourd'hui, on fait un civet de lièvre aux marrons.

Au Japon, vous mangez du lièvre ?

👩 Aya : **Non, on n'en mange pas beaucoup**

chez nous.

👨 Louis : **Ah bon ?**

🐸 semaine 囡：週／ dernier(ère)：（名詞の後で）この前の／ aujourd'hui：今日／ civet 團：（兎・野鳥の）赤ワイン煮込み／ lièvre 團：野兎／ marron 團：栗／ en：中性代名詞．du lièvre を指します．Grammaire 2 参照／ chez 〜：〜において，〜の家で／ Ah bon ?：そうなの？

Grammaire **1** **複合過去**

　複合過去は，「〜した」「〜だった」と過去の出来事を言うときに用いる時制で，《助動詞＋過去分詞》で構成されます．全ての他動詞と大部分の自動詞は助動詞として avoir を，一部の自動詞は être を用います．

助動詞 **avoir** ＋ 過去分詞　　　　　　　　　　助動詞 **être** ＋ 過去分詞

🔊 58

manger（食べる）	
j'ai mangé	nous avons mangé
tu as mangé	vous avez mangé
il a mangé	ils ont mangé
elle a mangé	elles ont mangé

aller（行く）	
je suis allé(e)	nous sommes allé(e)s
tu es allé(e)	vous êtes allé(e)(s)
il est allé	ils sont allés
elle est allée	elles sont allées

🐸 助動詞が être の場合，過去分詞は主語の性・数に一致させます．
　否定形は助動詞を ne(n') と pas ではさみます．je **ne** suis **pas** allé(e)　je **n'**ai **pas** mangé

用法：

1）過去の行為（〜した）

　　　J'ai **voyagé** en France le mois dernier.　私は先月，フランスを旅行した.

2）現在すでに完了している行為（〜し終えた）や過去の経験（〜したことがある）

　　　Il **est** déjà **parti.**　彼はもうすでに出発してしまった.

　　　J'**ai vu** Brigitte Bardot à Nice.　私はニースでブリジット・バルドーを見たことがある.

le mois dernier：先月／déjà：もうすでに／parti：partir「出発する」の過去分詞.

主な過去分詞

・manger（-er 動詞）→ mangé　　・finir（-ir 動詞）→ fini　　・voir（見る）→ vu

・prendre → pris　　・faire → fait　　・être → été　　・avoir → eu

助動詞に être をとる自動詞（括弧内は過去分詞）

　「場所の移動」や「状態の変化」を表す動詞：

aller（allé），venir（venu），partir（parti），arriver（arrivé），sortir（sorti）「出かける」，entrer
（entré）「入る」，rester（resté）「とどまる」，monter（monté）「登る」，descendre（descendu）「降
りる」，naître（né）「生まれる」，mourir（mort）「死ぬ」など.

Mini exercices **1**　　finir と partir を複合過去にして，活用させましょう.

① finir：

② partir：

Grammaire **2**　**中性代名詞 en, y**

• 中性代名詞 en は動詞の直接目的語として不定冠詞や部分冠詞の付いた名詞に代わります．男性
名詞，女性名詞に関わりなく用いられます．動詞の直前に置かれます.

　　Avez-vous de la glace ?　アイスクリームはありますか？

　　Oui, nous **en** avons.　はい．（それは）あります．／ Non, nous n'**en** avons pas.

いいえ．（それは）ありません.

• 中性代名詞 y は《à ＋名詞》や《場所の前置詞＋名詞》に代わり，「そのことに」「そこへ」など
の意味を表します．動詞の直前に置かれます.

　　Vous allez au musée du Louvre ?　ルーヴル美術館に行くのですか？

　　Oui, j'**y** vais.　はい．（そこに）行きます．／ Non, je n'**y** vais pas.　いいえ．（そこには）行きません.

Mini exercices **2**　　（　　）に中性代名詞 en か y を入れて答えましょう.

① Vous mangez du pain ?　– Oui, j'（　　　　）mange.

② Tu vas à Paris ?　　　　– Oui, j'（　　　　）vais.

③ Tu prends du café ?　　– Oui, j'（　　　　）prends.

④ Tu habites à Rome ?　　– Oui, j'（　　　　）habite.

Leçon 10

55

59 **Dialogue 2** 日本ではあまり兎を食べないということを聞いて Louis は逆に驚いたよう
です．確かに兎は日本ではあまり食べませんね．Dialogue 2 では，中性代
名詞 y が出てきます．Grammaire 2 で確認しましょう.

Louis : Vous n'êtes pas allée dans un restaurant français au Japon ?

Aya : Si, j'y suis allée plusieurs fois.

Mais je n'ai pas osé goûter de lapin.

Louis : D'accord. Et maintenant, vous

voulez en goûter ?

Aya : Oui, je veux bien.

si：「いいえ」否定の疑問文に対する肯定の返事／plusieurs fois：いく度も／osé：oser の過去分詞．《oser +
不定詞》で「あえて〜する」／lapin 男：兎／d'accord：オーケー

Mini exercices 3　　Dialogues 1，2 について，質問に答えましょう.

① Qu'est-ce qu'ils ont fait la semaine dernière ?

....

② Au Japon, on mange du lièvre ?

....

③ Aya n'est pas allée dans un restaurant français au Japon ?

....

④ Elle a mangé du lapin au Japon ?

....

 60 *Vocabulaire et Expressions*

現在と過去を表す時の表現を覚えましょう.

ce matin	今朝	cet après-midi	今日の午後	ce soir	今晩
aujourd'hui	今日	hier	昨日		
cette semaine	今週	la semaine dernière	先週		
ce mois-ci	今月	le mois dernier	先月		
cette année	今年	l'année dernière	去年		

 1 次の文を複合過去にしましょう.

① Elle reste chez elle.

② Tu manges du couscous ?

③ Il part pour l'Allemagne.

④ Elles vont à Nice.

⑤ Qu'est-ce que tu prends comme boisson ?

 2 （　　）に適当な中性代名詞を入れましょう.

① Vous voulez du sucre ?　　　　　　　 – Oui, j' （　　　　）veux bien.

② Tu es allé au restaurant hier soir ?　 – Oui, j' （　　　　）suis allé.

③ Tu as beaucoup d'amis ?　　　　　　 – Non, je n' （　　）ai pas beaucoup.

④ Est-ce qu'il est arrivé à Paris ?　　　 – Non, il n' （　　　）est pas arrivé.

⑤ Il y a de la glace ?　　　　　　　　　 – Oui, il y （　　　）a.

 3 文を聞き取り，応答として正しい方に○を付けましょう.

🔊 **61**

①
　　a. Je fais la cuisine.　　　　　　 b. Je suis allé au cinéma.

②
　　a. Oui, je l'ai vu hier.　　　　　 b. Oui, je vais le voir ce soir.

③
　　a. Si, elle est déjà partie.　　　 b. Oui, elle est déjà partie.

④
　　a. Oui, je l'ai pris.　　　　　　　 b. Oui, j'en ai pris.

⑤
　　a. Oui, je vais le finir.　　　　　 b. Oui, je l'ai fini.

4 下線部を下の（　　）内の語で置き換え，隣の人と会話しましょう.

A：Qu'est-ce que tu as fait hier ?

B：J'ai fait du foot.

（faire du foot：サッカーをする／ jouer au tennis：テニスをする／ faire du shopping：ショッピングを
する／ aller au concert：コンサートに行く／ monter sur la tour Eiffel：エッフェル塔に登る）

Leçon 10

Leçon 11 ★★★

とても面白かった

🔊 **62** *Dialogue 1* 🐸 Aya が昨日観たテレビ番組について，Emma に話しています．ここでは半過去という過去形を学びます．複合過去との違いを考えながら，半過去の用法を学びましょう．

Aya : Hier, j'ai vu une émission sur les vignobles français. C'était très intéressant.

Emma : Si tu veux, je peux t'emmener dans un vignoble. Tu sais, mes grands-parents habitent à Beaune en Bourgogne.

Aya : C'est vrai ?

émission 女：テレビ番組／ sur 〜：〜についての／ vignoble 男：ブドウ畑／ intéressant ：面白い，興味深い／
emmener：連れて行く／ tu sais：あのね（相手の注意を引くための表現）／ Beaune：ワインで有名なブルゴーニュ地方の主要都市／ Bourgogne 女：フランス東部の地方．ワイン，エスカルゴなど食のおいしいことで有名．／
grands-parents 男・複：祖父母／ vrai：本当の

Grammaire 1 半過去

　複合過去が現在から見てすでに完了している事柄を表すのに対して，半過去はある過去の時点において，未完了の事柄を表します．「半」とは「半ば」，つまり「まだ終わっていない，完了していない」ことを意味しています．「〜だった」「〜していた」と訳されることが多い過去時制です．

🔊 **63**

habiter (住む)	
j'habitais	nous habitions
tu habitais	vous habitiez
il habitait	ils habitaient

être (〜です)	
j'étais	nous étions
tu étais	vous étiez
il était	ils étaient

🐸 語幹は nous の現在形の語幹と同じ．nous habitons → j'habitais．être のみ例外で ét-．語尾はすべての動詞で共通．

用法：

1）過去のある時点における継続中の行為や状態（～していた，～だった）

    Vers dix heures, je **téléphonais** à mon père.　10時頃，私は父に電話をしていた.

    Il y a trois ans, j'**étais** malade.　　　　　　3年前，私は病気だった.

2）過去のある時期における繰り返された行為や習慣（～したものだった）

    Avant, j'**allais** au cinéma une fois par semaine.　以前私は週に一度，映画を観に行っていた.

🐸 vers ～：～頃 ／ malade：病気の ／ avant：以前 ／ fois：度，回

Mini *exercices* **1**　　次の動詞を半過去に活用させましょう.

① avoir：

② aller：

Grammaire **2** **動詞 savoir と connaître の直説法現在の活用**

どちらも「知っている」という意味の動詞ですが，用法に違いがあります.

🔊 **64**

savoir（知っている）

je sais	nous savons
tu sais	vous savez
il sait	ils savent

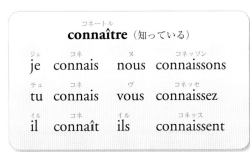

connaître（知っている）

je connais	nous connaissons
tu connais	vous connaissez
il connaît	ils connaissent

Je **sais** qu'il aime beaucoup le vin.　私は彼がワインが大好きだということを知っています.

Il **sait** faire du ski.　　　　　　　　彼はスキーができる.

Je **connais** cette chanson.　　　　　私はその歌を知っています.

🐸 savoir はその後に名詞よりも従属節をともなって「（～ということを）知っている」という文で用いられることが多く，また不定詞が来て「～をすることができる」の意味で用いられます. connaître は後に名詞が来て「（人・物・事柄を）知っている」の意味で用いられます.

Mini *exercices* **2**　　savoir の活用形（直説法現在）を入れましょう.

① vous ＿＿＿＿＿　　② nous ＿＿＿＿＿　　③ Louis ＿＿＿＿＿

④ je ＿＿＿＿＿　　⑤ tu ＿＿＿＿＿　　⑥ elles ＿＿＿＿＿

Mini *exercices* **3**　　connaître の活用形（直説法現在）を入れましょう.

① Aya ＿＿＿＿＿　　② tu ＿＿＿＿＿　　③ nous ＿＿＿＿＿

④ je ＿＿＿＿＿　　⑤ vous ＿＿＿＿＿　　⑥ ils ＿＿＿＿＿

65 *Dialogue 2* Emma が Aya に小さかった頃の思い出を話しています．ここでは Grammaire 1 でみた，「～したものだった」という，過去の繰り返された行為を表す半過去が用いられていることに注意しましょう．

Emma : J'allais souvent chez mes grands-parents quand j'étais petite.

Surtout, on fêtait « Les Trois Glorieuses ».

Tu connais cette fête du vin ?

On mangeait et buvait toute la journée.

Aya : Tu buvais du vin ?

Emma : Oui, un peu.

souvent：よく，しばしば／féter：祝う／fête 囡：お祭り／"Les Trois Glorieuses"：「栄光の 3 日間」と呼ばれるブルゴーニュ地方最大のワイン祭／buvait：boire「飲む」の半過去／toute la journée：一日中

Mini *exercices* **4**   Dialogues 1，2 について，質問に答えましょう．

① Quelle émission Aya a-t-elle vue hier ?

_____

② Où est-ce que les grands-parents d'Emma habitent ?

_____

③ Où est-ce qu'Emma allait quand elle était petite ?

_____

④ Qu'est-ce qu'on fait pendant la fête des « Trois Glorieuses » ?

_____

66 *Vocabulaire et Expressions*

ワインに関する語彙を覚えましょう．

le vin rouge　赤ワイン　　le vin blanc　白ワイン　　le vin rosé　ロゼワイン

le vin mousseux　スパークリングワイン　　le champagne　シャンパン

le raisin　ブドウ　la vigne　ブドウの木　un sommelier / une sommelière　ソムリエ

60

Exercices

 1 次の文を半過去にしましょう.

① Nous allons souvent à la mer. ....

② À minuit, je regarde la télévision. ....

③ Henri joue souvent au tennis. ....

④ Ils ont très faim. ....

⑤ Sandrine est très belle. ....

2 [　　] 内の動詞を直説法現在に活用させて（　　　　）に入れましょう.

① Vous （　　　　　　） ce garçon ?　　　　[connaître]

② Je （　　　　　　） que c'est un très bon vin.　[savoir]

③ （　　　　　　）-vous quand il part ?　　　[savoir]

④ Tu （　　　　　　） son adresse ?　　　　[connaître]

⑤ Tu ne （　　　　　　） pas jouer au tennis ?　[savoir]

3 文を聞き取り，応答として正しい方に○を付けましょう.

🔊 **67**

① ....

a. Non, il n'est pas chez moi.　　b. Si, il était chez moi.

② ....

a. Oui, je jouais du piano.　　b. Oui, je joue du piano.

③ ....

a. Oui, ils y allaient.　　b. Oui, ils y sont allés.

④ ....

a. Oui, je les connais bien.　　b. Oui, je les connaissais.

⑤ ....

a. Non, il ne connaît pas très bien.

b. Oui, il sait très bien faire du ski.

 4 下線部を下の（　　　　）内の語で置き換え，隣の人と会話しましょう.

A：Qu'est-ce que tu faisais hier soir vers dix heures ?

B：Je regardais un match de foot à la télé.

🐸 regarder un match de foot ：サッカーの試合を観る
マッチ

(lire un journal ：新聞を読む／ jouer aux cartes ：トランプをする／ dîner avec ma mère ：母と夕食を
リール　　　ジュルナル　　　　　　　　　　カルト　　　　　　　　　　　　　　ディネ

とる／ faire mes devoirs ：宿題をする)
ドゥヴォワール

Leçon 11

61

Leçon 12
★★★

roquette

急がないといけない！

🔊 68 **Dialogue 1** 🐸 Aya と Emma が Emma の祖父母の家がある Beaune にやってきました．二人は，ワインの試飲会に参加するつもりのようですが，時間に間に合うでしょうか．ここでは，非人称構文，代名動詞，感嘆文を学びます．

😊 Emma : **Quelle heure est-il ?**

😊 Aya : **Il est une heure et quart.**

😊 Emma : **Mais la dégustation des vins**

 commence à une heure et demie !

😊 Aya : **Il faut se dépêcher !**

🐸 heure 女：時間，～時／ quart 男：15分／ dégustation 女：試飲／ commencer：始まる／ demie 女：30分過ぎ，半／ il faut ～：「～しなければならない」→ falloir ／ se dépêcher：急ぐ

Grammaire ◀ 1 非人称構文

　具体的な意味内容を持たない中性の il を形式上の主語にたてる文を非人称構文と言います．既に学んだ il y a ～（～がある）の他に，時刻や天候，必要・義務を表す場合などに用いられます．

1）時刻：Quelle heure **est-il** ?　　　　　今何時ですか？
　　　　Il est deux heures.　　　　　　2時です．

2）天候：Quel temps **fait-il** aujourd'hui ?　今日はどんな天気ですか？
　　　　Il fait beau（mauvais / chaud / froid）. 良い（悪い，暑い，寒い）天気です．
　　　　Il pleut（neige）.　　　　　　　雨（雪）が降っています．

3）必要・義務：**Il faut** un parapluie pour sortir. 外出するには傘が必要です．
　　　　　　Il faut partir tout de suite.　すぐに出発しなければなりません．

🐸 pleuvoir「雨が降る」, neiger「雪が降る」, falloir「しなければならない」は非人称構文でのみ用いられます．

Mini exercices 1　　下の [　] から動詞を選び，適当な形にして（　　）に入れましょう．

① Il（　　　　　） dix heures.　　　　　10時です．

② Il（　　　　　） chaud.　　　　　　　暑いです．

③ Il（　　　　　） travailler.　　　　　働かなければいけない．

④ Il y（　　　　　） un chat sur la table.　テーブルの上に猫がいる．

　[avoir / faire / falloir / être]

Grammaire **2** 代名動詞

　主語と同じものを指す補語人称代名詞（再帰代名詞と言います）をともなって活用する動詞を，代名動詞と言います．再帰代名詞も人称によって変化します．

69

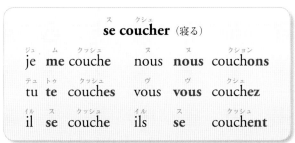

se coucher（寝る）

je **me** couche	nous **nous** couchons
tu **te** couches	vous **vous** couchez
il **se** couche	ils **se** couchent

🐸 否定文：je ne me couche pas

用法：

1) 再帰的（行為が主語に帰る）　　　　　　：Je m'appelle Aya.　　　　私の名前は Aya です．
2) 相互的（「互いに〜する」主語は複数）：Ils s'aiment.　　　　　　彼らは愛し合っている．
3) 受動的（「〜られる」主語は物）　　：Ce magazine se vend bien. この雑誌はよく売れている．
4) 本質的（代名動詞としてのみ用いる）：Je me souviens de toi.　　私はあなたを覚えています．

🐸 s'appeler 〜：〜という名前である／magazine 男：雑誌／se vendre：売られる／se souvenir de 〜：〜を覚えている

Mini exercices **2**　　代名動詞 se dépêcher の活用形（直説法現在）を入れましょう．

① Aya ＿＿＿＿＿＿＿＿　② nous ＿＿＿＿＿＿＿＿　③ vous ＿＿＿＿＿＿＿＿

④ je ＿＿＿＿＿＿＿＿　⑤ tu ＿＿＿＿＿＿＿＿　⑥ elles ＿＿＿＿＿＿＿＿

Grammaire **3** 感嘆文 quel と que（Dialogue 2）

　quel と que は，疑問詞として用いられるほかに，「なんて〜だろう！」という感嘆の気持ちを表すことができます．

Quel ＋（形容詞）＋名詞！

Que ＋主語＋動詞！

Quelle belle vue !　　なんて美しい景色だろう！

Que c'est beau !　　なんて美しいのだろう！

🐸 会話では **Qu'est-ce que** c'est beau ! とも言います．

Mini exercices **3**　　quel（quelle）か que（qu'）を選んで（　　）に入れましょう．

① (　　　　　) dommage !

② (　　　　　) 'il est gentil !

③ (　　　　　) idée !

④ (　　　　　) tu es belle !

🐸 dommage 男：残念なこと／idée 女：考え

70 *Dialogue 2* Aya が青空の下，一面に広がるブドウ畑を見て感動しています．
ここでは Grammaire 3 で学んだ感嘆の表現を確認しましょう．

Aya : **Qu'il fait beau !**

Emma : **Oui, c'est un temps idéal pour visiter les vignobles.**

Aya : **Quel beau paysage !**

Emma : **Cette région est célèbre, elle s'appelle la « Côte d'Or ».**

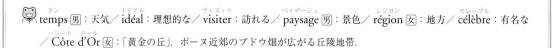

temps 男：天気／idéal：理想的な／visiter：訪れる／paysage 男：景色／région 女：地方／célèbre：有名な
／Côte d'Or 女：「黄金の丘」．ボーヌ近郊のブドウ畑が広がる丘陵地帯．

Mini *exercices 4*　　Dialogues 1，2 について，質問に答えましょう．

① La dégustation des vins commence à quelle heure ?

② Quel temps fait-il ?

③ Qu'est-ce qu'elles vont visiter ?

④ Est-ce que cette région s'appelle la « Côte d'Azur » ?

 71 *Vocabulaire et Expressions*

時刻の表現を覚えましょう．

> Quelle heure est-il ?　今何時ですか？
>
> ・Il est une heure.　1時　　・Il est deux heures cinq.　2時5分
>
> ・Il est quatre heures et quart.　4時15分　　・Il est cinq heures et demie.　5時半
>
> ・Il est sept heures moins le quart.　7時15分前
>
> ・Il est midi.　正午　　・Il est minuit.　午前0時
>
> ・du matin　午前の　　・de l'après-midi　午後の　　・du soir　夜の

1 下の〔 〕の中から適当な動詞を選んで，（ ）にその活用形（直説法現在）を入れましょう．

① Cette année, il（　　　　　）très froid à Paris.

② Il（　　　　　）neuf heures moins le quart.

③ Combien de temps（　　　　　）-il pour aller à Genève ?

④ Il ne（　　　　　）pas fumer ici.

⑤ Qu'est-ce qu'il y（　　　　　）dans votre sac ?

　〔faire / avoir / falloir / être〕

2 下の〔 〕の中から適当な動詞を選んで，（ ）にその活用形（直説法現在）を入れましょう．

① Nous（　　　　　　　）à minuit.

② Ce chat（　　　　　　　）Kiki.

③ Vous（　　　　　　　）de cette photo ?

④ Ce roman（　　　　　　　）partout.

⑤ Je（　　　　　　　）avant de me coucher.

　〔s'appeler / se souvenir / se coucher / se laver (体を洗う) / se vendre〕

3 文を聞き取り，応答として正しい方に○を付けましょう．

🔊 **72**

① _____

　a. Il fait beau.　　　　　　　b. Il est midi et demie.

② _____

　a. Oui, je vais me coucher.　　b. Oui, il va se coucher.

③ _____

　a. Il faut acheter un ticket.　　b. Il va acheter un ticket.

④ _____

　a. Il fait très beau.　　　　　b. Il est une heure moins le quart.

⑤ _____

　a. Oui, je vous téléphone souvent.　b. Oui, nous nous téléphonons souvent.

4 下線部を（ ）内の表現に置き換え，隣の人と会話しましょう．

① A：Quelle heure est-il ?

　B：Il est quatre heures vingt.　（1時半，2時5分，3時15分，5時10分前）

② A：Quel temps fait-il ?

　B：Il fait beau.　　　　　（天気が悪い，暑い，寒い）

Civilisation 4

★★★

フランス人が好きなデザート Top10*

デザート (dessert) の語源は desservir（テーブルをかたづける）という動詞，つまりデザートは食事の最後に出されるものを指します．昔はチーズも含まれていましたが，現在ではケーキ，果物，シャーベットなどの甘いものがデザートとして出されます．フランス料理は砂糖を使わないので，最後に甘いものが欲しくなるのだという説明もありますが，とにかくデザートは食事の最後に欠かせないもの．ここではフランス人の好きなデザート Top10 を見てみましょう．

Fondant au chocolat

第**1**位　（フォンダン・オ・ショコラ）

フランス人はチョコレートがお好き！3位にもチョコレートが入っている．このチョコレートケーキは中心まで完全に焼き上げず，チョコレートをとろっとソース状にしたもの．「フォンダン」は fondre「溶かす」という意味の動詞の現在分詞 fondant から来ている．

Crêpes

第**2**位　（クレープ）

日本でもおなじみのクレープはブルターニュ地方のお菓子．チョコレートや蜂蜜，ジャムなどをトッピングする．甘くないクレープをガレットと言い，クレープ店ではこれをメインの食事にする．

Mousse au chocolat

第**3**位　（ムース・オ・ショコラ）

チョコレート味のムース．ムースは泡立てた卵白と生クリームを加えてペースト状にしたもの．クリスマスの定番スイーツ．

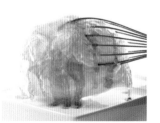

第**4**位　Île flottante
（イル・フロタント）

「浮かぶ島」という意味で，カスタードソースにメレンゲを浮かせた菓子．とても軽い．

第**5**位　Tarte aux pommes
（タルト・オ・ポム）

リンゴのタルト．様々なタルトがある中で最もポピュラー．タルト・タタンもリンゴを使ったタルト．

第**6**位　Tiramisu
（ティラミス）

ご存知イタリアのチーズケーキ．表面にカカオ味のパウダーをまぶす．

＊*Magazine Gourmand* の 2012 年のアンケートより．
http://www.terrafemina.com/vie-privee/cuisine/articles/19628-le-top-10-des-desserts-preferes-des-francais.html

第**7**位

Crème brûlée
（クレーム・ブリュレ）
「焦がしたプディング」の
意味. 表面がキャラメル状.

第**8**位

Profiteroles
（プロフィトロール）
一口サイズの
シュークリーム.

第**9**位

Millefeuille
（ミルフイユ）
薄く焼いたパイ生地にカス
タードクリームを挟んだもの.

第**10**位

Tarte aux fraises
（タルト・オ・フレーズ）
イチゴのタルト.

Civilisation 4

フランスのお菓子

ケーキ屋 (pâtisserie) に行くと，目にも鮮やかなケーキが並んでいていかにもおいしそう. またフランス
には地方名産のお菓子もいろいろあります.

ショーケースに並ぶケーキ

ブーランジュリ　　パティスリ
une boulangerie-pâtisserie

パン屋とケーキ屋が一緒になった店が
多い.

Macaron
（マカロン）
中が柔らかいパリ風マカロン.
色とりどり.

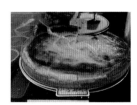

Flan
（フラン）
カスタードクリーム入り
タルト.

Canelé
（カヌレ）
ボルドーの焼き菓子. 外皮
は固く，中は柔らかい.

Kouglof
（クグロフ）
アルザスの焼き菓子. 王冠
型のブリオッシュ.

67

Leçon 13 ★★★

こちらの方が小さい

🔊 **73** **Dialogue 1** Aya が近所のスーパーに夕食の買い物をしに来ました．魚売り場で，鮭の切り身を買い求めています．ここでは，比較級，最上級の表現を学びましょう．

> Aya : Je voudrais un filet de saumon, s'il vous plaît.
>
> Le poissonnier : Celui-ci, par exemple ?
>
> Aya : Oui, mais il est un peu trop grand.
>
> Le poissonnier : Alors, celui-là est plus petit.
>
> Aya : Très bien, je le prends.

🐸 poissonnier 男：魚屋／filet 男：切り身／saumon 男：鮭／celui-ci：こちらのもの／par exemple：例えば／
celui-là：あちらのもの

Grammaire ① 比較級

優等比較（〜より多く…だ）：	**plus**	
同等比較（〜と同じく…だ）：	**aussi**	＋ 形容詞／副詞＋ **que** 比較の対象
劣等比較（〜より少なく…だ）：	**moins**	

Louis est **plus** âgé **qu'**Aya.　　　Louis は Aya より年上だ．

Aya est **aussi** jeune **qu'**Emma.　　Aya は Emma と同じくらい若い．

Emma est **moins** grande **que** Louis.　Emma は Louis より背が低い．

　形容詞 bon（よい），副詞 bien（よく）の優等比較級は，以下のような特殊な形になります．

・bon → **meilleur**　Ce tableau est bien **meilleur** que celui-là. この絵は，あの絵よりずっといい．

・bien → **mieux**　Hugo dessine **mieux** que Frédéric.　　ユゴーはフレデリックよりも絵がうまい．

🐸 âgé：年を取った／tableau 男：絵画／dessiner：描く

Mini exercices **1**　（　　　）に適当な語を入れて，比較級の文を作りましょう.

① 同等比較の文に：Jean est（　　　　　　）intelligent（　　　　　）son frère.

② 劣等比較の文に：Cette robe est（　　　　　　）chère（　　　　　）celle-là.

③ 優等比較の文に：Anne se lève（　　　　　）tôt（　　　　）Sébastien.

🐸 intelligent：頭がいい／robe 囡：ドレス／cher / chère：（値段が）高い／se lever：起きる／tôt：早く

Grammaire **2** 最上級（Dialogue 2）

　形容詞を最上級にする場合，plus, moins の前に，形容詞の性・数に応じて定冠詞 le, la, les を付けます．副詞の場合は，定冠詞は常に le になります．「～の中で」は前置詞 de を用います.

Nicolas est **le plus** petit **de** la famille.　ニコラは家族の中で最も小さい．（形容詞の優等最上級）

Chloé est **la moins** âgée **de** ses sœurs.　クロエは姉妹の中で最も年下だ．（形容詞の劣等最上級）

Alice court **le plus** vite **de** la classe.　　アリスはクラスの中で最も足が速い．（副詞の優等最上級）

Mini exercices **2**　（　　　）に適当な語を入れて，最上級の文を作りましょう.

① 劣等最上級の文に：Jacques est（　　　　　）（　　　　　　）chic de ce groupe.

② 優等最上級の文に：Catherine est（　　　　　）（　　　　　）jolie de ces mannequins.

③ 優等最上級の文に：Elle habite（　　　　　）（　　　　　）loin de nous tous.

🐸 chic：しゃれた／groupe 男：グループ／mannequin 男：モデル／loin 副：遠く／tous：みんな

Grammaire **3** 指示代名詞 celui

　指示代名詞 celui（それ，これ，あれ）は単独では用いられず，《de ＋名詞》や，「こちらの」「あちらの」と対立を表す -ci,-là をともなって用いられます．それが代わる名詞の性・数に応じて形が変化します.

男性単数	女性単数	男性複数	女性複数
celui	**celle**	**ceux**	**celles**

De ces deux cravattes, j'aime mieux **celle-ci** que **celle-là**.
これら2つのネクタイのうち，私はあちらのよりこちらのほうが好きです.

Mini exercices **3**　（　）に celui-ci, celui-là, celle-ci, celle-là のいずれかを入れましょう.

① Voici deux jupes：（　　　　　　）est trop courte,（　　　　　　　）est trop longue.

② Voici deux chapeaux：（　　　　　）est rouge,（　　　　　）est bleu.

🐸 voici ～：ほら，ここに～がある／jupe 囡：スカート／court(e)：短い／long(ue)：長い／chapeau 男：帽子

🔊 74 　Dialogue 2 　チーズを買おうとしている Aya が，店の人にお勧めのものを尋ねています．
ここでは Grammaire 2 で学んだ最上級の表現を確認しましょう．

Aya : 　　　Qu'est-ce que vous me recommandez comme fromage ?

Le fromager : Celui-ci par exemple. C'est le meilleur.

Aya : 　　　Mais, ça sent fort !

Le fromager : Alors, celui-là sent moins fort.

Aya : 　　　C'est vrai. Je le prends.

recommander：勧める／fromage 男：チーズ／fromager 男：チーズ屋／sent：sentir「においがする」の活用
形．／fort：強く

Mini exercices 4 　　Dialogues 1，2 について，質問に答えましょう．

① Qu'est-ce qu'Aya cherche chez le poissonnier ?

② Quel filet de saumon Aya prend-elle ?

③ Quel fromage le fromager recommande-t-il à Aya ?

④ Aya prend le fromage fort ou moins fort ?

🔊 75 　*Vocabulaire et Expressions*

店の名前を覚えましょう．

boulangerie 女	パン屋	pâtisserie 女	ケーキ屋
fromagerie 女	チーズ屋	boucherie 女	肉屋
poissonnerie 女	魚屋	charcuterie 女	豚肉屋
épicerie 女	食料品店	supermarché 男	スーパー
magasin 男	店	grand magasin 男	デパート

Exercices

1 日本語文に合うように，下の [　　] の中の語を用いて比較級の文にしましょう.

① Sophie est（　　　　　　　　）que Laurent.　　ソフィはロランより若い.

② Cet arbre est（　　　　　　　　）que celui-là.　　この木はあの木より大きくない.

③ Ces gâteaux sont（　　　　　　　　）que ceux-là.　　これらのケーキはあちらのよりおいしい.

④ Mon frère se lève（　　　　　　　　）que mon père.　　私の兄は父と同じくらい早起きだ.

⑤ Guy cuisine（　　　　　　　）que son chef.　　ギーは彼のシェフよりも料理がうまい.

[grand / jeune / bien / bon / tôt]

2 日本語文に合うように，下の [　　　] の中の語を用いて最上級の文にしましょう.

① Il est（　　　　　　　）de ses amis.　　彼は友達の中で最も頭が良い.

② Cette robe est（　　　　　　　）de cette boutique.　　このドレスはこの店で最も安い.

③ Ce restaurant est（　　　　　　　）de Paris.　　このレストランはパリで一番おいしい.

④ Elle chante（　　　　　　）de cette classe.　　彼女はこのクラスで一番歌がうまい.

⑤ Hervé mange（　　　　　　　）de nous tous.　　エルヴェは私たちの中の誰よりも速く食べる.

[cher / intelligent / bien / vite / bon]

3 文を聞き取り，応答として正しい方に○を付けましょう.

🔊 76　①　———————————————————

　　a. Oui, elle joue moins bien que lui.　　b. Oui, elle joue mieux que lui.

②　———————————————————

　　a. Oui, elle est moins grande que Sylvie.　　b. Oui, elle est moins petite que Sylvie.

③　———————————————————

　　a. Oui, celui-ci est le meilleur.　　b. Oui, celle-ci est la meilleure.

④　———————————————————

　　a. Oui, celui-ci se vend le mieux.　　b. Oui, celle-ci se vend le mieux.

⑤　———————————————————

　　a. Non, elle est la moins jeune.　　b. Oui, elle est la moins jeune.

4 下線部を下の（　　　）内の形容詞を用いて最上級表現にし，隣の人と会話しましょう.

A：Est-ce que tu es le(la) plus grand(e) de votre famille ?

B：Oui, je suis le (la) plus grand(e) de ma famille.

（sportif / sportive：スポーツ好きな / timide：内気な / indépendant(e)：独立心旺盛な）

Leçon 14 ★★★　シェフになる！

basilic

🔊 77　**Dialogue 1** 🐸　いよいよ料理学校を卒業することになった Aya が，Louis から進路指導を受けています．ここでは，未来形や命令法を学びます．

Louis : **Alors, qu'est-ce que vous ferez plus tard ?**

Aya : **Je voudrais travailler dans une auberge.**

Louis : **Comment ? Vous resterez en France ?**

Aya : **Oui, je serai chef de cuisine, un jour.**

Louis : **Parfait ! Présentez-moi votre CV et une lettre de motivation.**

🐸 plus tard：今後／auberge 囡：オーベルジュ（レストランを兼ねた田舎風ホテル）／Comment ?：何だって？／un jour：いつか／Parfait !：いいだろう！／présenter：提出する／C V 團：履歴書（curriculum vitæ の略）／lettre de motivation：志望動機書

Grammaire　1　単純未来

　未来の行為，状態，予定などを表すときの時制です．英語のように助動詞 will や shall を使わず，動詞自体が活用するという意味で「単純」未来と言います．

🔊 78

rester（残る）			
je	resterai	nous	resterons
tu	resteras	vous	resterez
il	restera	ils	resteront

être			
je	serai	nous	serons
tu	seras	vous	serez
il	sera	ils	seront

🐸 ・語尾は全ての動詞に共通．avoir の現在形とほぼ同じ（nous と vous は av- を取る）
　・語幹は -er 動詞，-ir 動詞は不定詞．rester → je resterai, finir → je finirai
　・他の動詞：avoir → j'aurai, faire → je ferai, aller → j'irai, venir → je viendrai など.

用法：

１）未来の行為や予定：Je **serai** médecin un jour.　　　　　　私はいつか医者になるだろう.

２）軽い命令（2人称）：Tu m'**appelleras** au téléphone demain.　明日私に電話してね.

Mini exercices 1　finir と faire を単純未来形で活用させましょう.

① finir：

② faire：

Grammaire ❷ 命令法

　命令法とは，相手に対して話者の命令，依頼，勧誘などを伝える叙法です．ひとつの動詞に3つの命令形があり，tu で話す相手，nous で話す相手，vous で話す相手に対し，それぞれ主語を除いた動詞の活用形が命令形になります．

> **regarder**（見る）
>
> tu で話す相手　：Regarde !　　見て !
>
> nous で話す相手：Regardons !　見ましょう !
>
> vous で話す相手：Regardez !　　見なさい !

🐸 ・-er 動詞の tu に対する命令形は活用語尾の -s を取ります．tu regardes → Regarde !
　　・特殊な形の動詞もあります．être：sois / soyons / soyez

　補語人称代名詞を付ける場合，肯定命令形では人称代名詞を動詞の後ろに置きます（ハイフンで結ぶ）．このとき，me, te は moi, toi になります．

　　Téléphonez-moi !　　私に電話してください.

否定命令形では人称代名詞を動詞の前に置いて，動詞とともに ne ～ pas ではさみます.

　　Ne le faites pas !　そんなことをしないでください !

用法：

1）命令：**Travaillez bien !**　　　　　しっかり働きなさい !

2）禁止：**N'entrez pas ici !**　　　　　ここに入ってはいけません !

3）勧誘：**Allons au cinéma !**　　　　映画に行きましょう !

4）依頼：**Passez-moi le sel, s'il vous plaît.**　お塩を取ってください.

Mini exercices 2　passer と partir を命令形にしましょう.

① passer：

② partir：

🔊 79　*Dialogue 2*　Aya は Louis からの思いがけないオファーに驚きます．Aya は望み通り，料理人の道を歩み始めるようです．ここでも未来の表現に注意してください．

Louis : **Si vous voulez, je vous engage dans mon auberge.**

Aya : **Votre auberge ?**

Louis : **Oui, je vais ouvrir une auberge à Deauville. Et je suis en train de chercher un sous-chef.**

Aya : **Sous-chef chez vous ?**
C'est comme un rêve !
Je ferai de mon mieux.

🐸 si 〜：もし〜なら／ engager：雇う／ ouvrir：開く，開店する／ Deauville：ドーヴィル（ノルマンディー地方の海辺の保養地）／ être en train de 〜：〜している最中である／ sous-chef：副料理長／ comme 〜：〜のように／ rêve 男：夢／ de mon mieux：私の最善を尽くして

Mini exercices 3　　Dialogues 1，2 について，質問に答えましょう．

① Qu'est-ce qu' Aya veut faire plus tard ?

_____

② Aya rentrera au Japon ?

_____

③ Qu'est-ce que Louis va faire à Deauville ?

_____

④ Est-ce que Louis veut engager Aya dans son auberge ?

_____

🔊 80　*Vocabulaire et Expressions*

未来を表す時の表現を覚えましょう．

---

demain　明日　　　　　　　　　　après-demain　あさって

la semaine prochaine　来週　　　le mois prochain　来月

l'année prochaine　来年　　　　　dans trois ans　3 年後

74

Exercices

 1 [ ]内の動詞を単純未来形にして（　　　）に入れましょう.

① J'（　　　　　　　　）vingt ans la semaine prochaine.　　[avoir]

② Tu（　　　　　　　　）avec nous à la fête ?　　[venir]

③ Nous（　　　　　　　　）le mont Saint-Michel.　　[visiter]

④ Mon frère（　　　　　　　　）médecin dans six mois.　　[être]

⑤ Qu'est-ce que tu（　　　　　　　　）ce week-end ?　　[faire]

2 日本語文に合うように，[　　　　]内の語を用いて命令法の文にしましょう.

① （　　　　　　　　）-moi, s'il te plaît.　　お願いだから私に電話してね.

② （　　　　　　　　）tout de suite !　　すぐに出発しましょう！

③ （　　　　　　　　）comme chez vous.　　（自分の家にいるように）くつろいでください.

④ Ne（　　　　　　　　）pas comme ça !　　そんな風に泣かないでください！

⑤ Ne（　　　　　　　　）pas cette pomme !　　そのリンゴを食べないで！

[partir / téléphoner / faire / manger / pleurer]

3 文を聞き取り，応答として正しい方に○を付けましょう.

🔊 81　①　＿＿＿＿＿＿＿＿＿＿＿＿＿＿＿＿＿＿

　　　　a. Je serai cuisinier.　　　　b. J'ai travaillé.

②　＿＿＿＿＿＿＿＿＿＿＿＿＿＿＿＿＿＿

　　　　a. Non, je ne vous ai pas vu.　　　　b. Oui, je viendrai vous voir.

③　＿＿＿＿＿＿＿＿＿＿＿＿＿＿＿＿＿＿

　　　　a. Je prendrai le train.　　　　b. Je suis en train de manger.

④　＿＿＿＿＿＿＿＿＿＿＿＿＿＿＿＿＿＿

　　　　a. Nous ferons du tennis.　　　　b. Nous avons fait du tennis.

⑤　＿＿＿＿＿＿＿＿＿＿＿＿＿＿＿＿＿＿

　　　　a. Oui, elle est restée en France.　　b. Non, elle partira pour le Canada.

4 下線部を下の（　　　）内の語に置き換え，隣の人と会話しましょう.

A：Qu'est-ce que tu feras plus tard ?

B：Je serai <u>chef de cuisine</u>.

（cuisini*er*(ère)：料理人／pâtissi*er*(ère)：菓子職人／avocat(e)：弁護士／ingénieur：エンジニア／
enseignant(e)：教師／journaliste：ジャーナリスト）

「私は〜です」のように職業を言う場合，職業を表す名詞は être の後で無冠詞になります.

1 国・国民・言語

冠詞や前置詞とともに覚えましょう.

国	le Japon （日本）	la France （フランス）	les États-Unis （アメリカ合衆国）
～国に／で ～国から／の	au Japon du Japon	en France de France	aux États-Unis des États-Unis
国民（男性） 　　（女性）	un Japonais une Japonaise	un Français une Française	un Américain une Américaine
言語（～語） 　　（～語で）	le japonais en japonais	le français en français	l'anglais en anglais

Je vais en France.　　　　　　　　　私はフランスに行きます.

Il vient de France.　　　　　　　　　彼はフランスから来ます.

C'est un Français.　　　　　　　　　彼はフランス人です.

Il parle français.　　　　　　　　　彼はフランス語を話します.（《parler + 言語》は無冠詞）

Comment dit-on en français ?　　　　フランス語でどう言いますか？

2 名詞・形容詞の複数形

複数形は原則として単数形に -s を付けますが，例外もあります.

語尾	単数名詞／複数名詞	単数形容詞／複数形容詞
原則は **-s**	pomme（リンゴ）/ pomme**s**	grand（大きい）　　/ grand**s**
-s はそのまま **-x** はそのまま	fils（息子）　　/ fils prix（値段）　　/ prix	français（フランスの）/ français heureux（幸せな）/ heureux
-eau は **-eaux**	château（城）　/ chât**eaux**	beau（美しい）　/ b**eaux**
-al は **-aux**	animal（動物）/ anim**aux**	national（国の）　/ nation**aux**

3 補語人称代名詞の語順

直接補語人称代名詞と間接補語人称代名詞が併用される場合，間接補語人称代名詞が１・２人称の場合は《間接補語＋直接補語》，間接補語が３人称の場合は《直接補語＋間接補語》と，順序が逆になります.

Je **vous** **le** donne.　　私はあなたにそれをあげます．（間接補語＋直接補語）

Je **le** **lui** donne.　　私はそれを彼（彼女）にあげます．（直接補語＋間接補語）

また肯定命令文の場合は，常に《動詞＋直接補語＋間接補語》という語順になります．

Donnez-**le**-**lui**.　　それを彼（彼女）にあげてください．

4　関係代名詞

　名詞や代名詞を従属節の形で修飾する場合があり，この節（関係詞節）とその前の名詞（先行詞）を結ぶのが関係代名詞です．次の4つの関係代名詞があります．

- **qui**：先行詞が関係詞節の主語になる場合

  Je voudrais bien essayer la robe **qui** est dans la vitrine.
  ショーウィンドーにあるドレスを試着したいのですが．

- **que**：先行詞が関係詞節の直接目的語になる場合

  C'est une fille **que** je connais bien.　　それは私がよく知っている少女です．

- **où**：先行詞が場所・時を表す場合

  C'est la ville **où** je suis né.　　それは私が生れた町です．

  Le jour **où** j'ai visité ce musée, il pleuvait.　　私がその美術館を訪れた日，雨が降っていた．

- **dont**：先行詞と関係詞節が前置詞 de によって結ばれる場合

  C'est un élève **dont** le père est professeur.　　それは父親が教師をしている生徒だ．

5　代名動詞の複合過去

　代名動詞を複合過去にする場合，助動詞には必ず être を用います．また，再帰代名詞が直接目的語の役割を果たしている場合には，過去分詞を主語の性・数に一致させなければなりません．

82

se lever （起きる）						
je	me	suis	levé(e)	nous	nous	sommes	levé(e)s
tu	t'es		levé(e)	vous	vous	êtes	levé(e)(s)
il	s'est		levé	ils	se	sont	levés
elle	s'est		levée	elles	se	sont	levées

6　現在分詞とジェロンディフ

現在分詞は，動詞からつくられる形容詞で，動詞と形容詞の働きを合わせ持っています．

　現在分詞：直説法現在の nous の語幹＋ **ant**　　nous sortons → sort**ant**

　例外があり，avoir → ayant，être → étant，savoir → sachant

　J'ai vu Pierre **sortant** du métro.　メトロから出て来るピエールを見た．

《en ＋現在分詞》をジェロンディフと言い, 副詞節の働きをして同時性, 原因, 対立などを表します.

> ジェロンディフ：**en** ＋現在分詞

    Il mange **en parlant**.　　彼は話しながら食べている.

7　受動態

主語が動作を受けることを示すときの動詞の形を受動態と言い, 次のような構文になります.

> 主語 ＋ 助動詞 **être** ＋ 過去分詞 ＋ **par** または **de** ＋ 動作主

🐸　・過去分詞は主語の性・数に一致します.
　　　・心理・感情を表す動詞の場合, 動作主は de によって導かれます.

    Aya **est invitée** à dîner **par** Louis.　　アヤはルイに夕食に誘われています.
    Ce professeur **est réspecté de** tous ses élèves.　　その教師は全ての生徒に尊敬されています.

8　条件法現在

単純未来の語幹に半過去の語尾を付けてつくります.

🔊 **83**

sortir （出かける）			
je	sortirais	nous	sortir**ions**
tu	sortir**ais**	vous	sortir**iez**
il	sortir**ait**	ils	sortir**aient**

用法：

1) 「もし〜なら, 〜だろうに」のように, 現在の事実に反する仮定をし, その結果起こりうることを述べます. 次のような構文でよく用いられます.

> **Si** ＋主語＋半過去,　主語＋条件法現在
> （もし〜なら）　　　　（〜だろうに）

    Si j'**avais** plus d'argent, je **voyagerais** en Europe.
        もしもっとお金があったら, ヨーロッパ旅行をするだろうに.

2) 「できれば〜したい, してもらいたい」のように, 欲求や依頼を相手に伝えたいときに条件法を用いると, 語調が緩和され, 丁寧な口調になります.

    Je **voudrais** réserver une chambre, s'il vous plaît.　　1 部屋予約したいのですが.
    Pourriez-vous garder mes bagages jusqu'à ce soir ?
        夕方まで荷物を預かっていただけませんか？

9 接続法現在

語尾は être と avoir を除く全ての動詞に共通で，原則的に直説法現在と半過去を組み合わせたかたちです．語幹は不規則に変化する動詞が多いので注意しましょう（faire, pouvoir, venir など）.

chanter （歌う）			
je	chante	nous	chant**ions**
tu	chant**es**	vous	chant**iez**
il	chante	ils	chant**ent**

être （である）			
je	sois	nous	so**yons**
tu	sois	vous	so**yez**
il	soit	ils	soient

用法：

接続法は従属節の中で用いられ，主節が，意志，願望，感情，疑惑，義務などの主観的判断を述べている場合に用いられます．

Je veux que tu **finisses** vite tes devoirs.	早く君の宿題を終わらせてほしい.
Je ne crois pas qu'il **soit** malade.	私は彼が病気だとは思わない.
Il faut que je **fasse** la lessive.	私は洗濯をしなければならない.

Bonne continuation !

タルト・タタン
（二訂版）

藤田　裕二
東海麻衣子　著

2015. 3. 1　初版発行
2023. 5. 1　二訂版発行

発行者　上野名保子

〒101-0062　東京都千代田区神田駿河台 3 の 7
発行所　電話 03(3291)1676 FAX 03(3291)1675　株式会社　駿河台出版社
　　　　振替 00190-3-56669

製版・印刷・製本　㈱フォレスト
ISBN978-4-411-01141-1 C1085
http://www.e-surugadai.com

動 詞 活 用 表

◇ 活用表中，現在分詞と過去分詞はイタリック体，
また書体の違う活用は，とくに注意すること.

accueillir	22	écrire	40	pleuvoir	61
acheter	10	émouvoir	55	pouvoir	54
acquérir	26	employer	13	préférer	12
aimer	7	envoyer	15	prendre	29
aller	16	être	2	recevoir	52
appeler	11	être aimé(e)(s)	5	rendre	28
(s')asseoir	60	être allé(e)(s)	4	résoudre	42
avoir	1	faire	31	rire	48
avoir aimé	3	falloir	62	rompre	50
battre	46	finir	17	savoir	56
boire	41	fuir	27	sentir	19
commencer	8	(se) lever	6	suffire	34
conclure	49	lire	33	suivre	38
conduire	35	manger	9	tenir	20
connaître	43	mettre	47	vaincre	51
coudre	37	mourir	25	valoir	59
courir	24	naître	44	venir	21
craindre	30	ouvrir	23	vivre	39
croire	45	partir	18	voir	57
devoir	53	payer	14	vouloir	58
dire	32	plaire	36		

◇ 単純時称の作り方

不定法		直説法現在			接続法現在		直説法半過去	
—er [e]	je (j')	—e [無音]	—s [無音]		—e [無音]		—ais [ε]	
—ir [ir]	tu	—es [無音]	—s [無音]		—es [無音]		—ais [ε]	
—re [r]	il	—e [無音]	—t [無音]		—e [無音]		—ait [ε]	
—oir [war]								
	nous	—ons [ɔ̃]			—ions [jɔ̃]		—ions [jɔ̃]	
現在分詞	vous	—ez [e]			—iez [je]		—iez [je]	
—ant [ɑ̃]	ils	—ent [無音]			—ent [無音]		—aient [ε]	

	直説法単純未来		条件法現在	
je (j')	—rai	[re]	—rais	[rε]
tu	—ras	[rɑ]	—rais	[rε]
il	—ra	[ra]	—rait	[rε]
nous	—rons	[rɔ̃]	—rions	[rjɔ̃]
vous	—rez	[re]	—riez	[rje]
ils	—ront	[rɔ̃]	—raient	[rε]

	直 説 法 単 純 過 去					
je	—ai	[e]	—is	[i]	—us	[y]
tu	—as	[ɑ]	—is	[i]	—us	[y]
il	—a	[a]	—it	[i]	—ut	[y]
nous	—âmes	[am]	—îmes	[im]	—ûmes	[ym]
vous	—âtes	[at]	—îtes	[it]	—ûtes	[yt]
ils	—èrent	[εr]	—irent	[ir]	—urent	[yr]

過去分詞	—é [e], —i [i], —u [y], —s [無音], —t [無音]

①**直説法現在**の単数形は, 第一群動詞では—e, —es, —e; 他の動詞ではほとんど—s, —s, —t.

②**直説法現在**と**接続法現在**では, nous, vous の語幹が, 他の人称の語幹と異なること (母音交替) がある.

③**命令法**は, 直説法現在の tu, nous, vous をとった形. (ただし—es → e   vas → va)

④**接続法現在**は, 多く直説法現在の 3 人称複数形から作られる. ils partent → je parte.

⑤**直説法半過去**と**現在分詞**は, 直説法現在の 1 人称複数形から作られる.

⑥**直説法単純未来**と**条件法現在**は多く不定法から作られる. aimer → j'aimerai, finir → je finirai, rendre → je rendrai(-oir 型の語幹は不規則).

1. avoir

現在分詞 ayant 過去分詞 eu [y]	直 説 法		
	現 在	半 過 去	単 純 過 去
	j' ai	j' avais	j' eus [y]
	tu as	tu avais	tu eus
	il a	il avait	il eut
	nous avons	nous avions	nous eûmes
	vous avez	vous aviez	vous eûtes
	ils ont	ils avaient	ils eurent
命 令 法	複 合 過 去	大 過 去	前 過 去
aie	j' ai eu	j' avais eu	j' eus eu
	tu as eu	tu avais eu	tu eus eu
	il a eu	il avait eu	il eut eu
ayons	nous avons eu	nous avions eu	nous eûmes eu
ayez	vous avez eu	vous aviez eu	vous eûtes eu
	ils ont eu	ils avaient eu	ils eurent eu

2. être

現在分詞 étant 過去分詞 été	直 説 法		
	現 在	半 過 去	単 純 過 去
	je suis	j' étais	je fus
	tu es	tu étais	tu fus
	il est	il était	il fut
	nous sommes	nous étions	nous fûmes
	vous êtes	vous étiez	vous fûtes
	ils sont	ils étaient	ils furent
命 令 法	複 合 過 去	大 過 去	前 過 去
sois	j' ai été	j' avais été	j' eus été
	tu as été	tu avais été	tu eus été
	il a été	il avait été	il eut été
soyons	nous avons été	nous avions été	nous eûmes été
soyez	vous avez été	vous aviez été	vous eûtes été
	ils ont été	ils avaient été	ils eurent été

3. avoir aimé

[複合時称] 分詞複合形 ayant aimé	直 説 法		
	複 合 過 去	大 過 去	前 過 去
	j' ai aimé	j' avais aimé	j' eus aimé
	tu as aimé	tu avais aimé	tu eus aimé
	il a aimé	il avait aimé	il eut aimé
命 令 法	elle a aimé	elle avait aimé	elle eut aimé
aie aimé	nous avons aimé	nous avions aimé	nous eûmes aimé
	vous avez aimé	vous aviez aimé	vous eûtes aimé
ayons aimé	ils ont aimé	ils avaient aimé	ils eurent aimé
ayez aimé	elles ont aimé	elles avaient aimé	elles eurent aimé

4. être allé(e)(s)

[複合時称] 分詞複合形 étant allé(e)(s)	直 説 法		
	複 合 過 去	大 過 去	前 過 去
	je suis allé(e)	j' étais allé(e)	je fus allé(e)
	tu es allé(e)	tu étais allé(e)	tu fus allé(e)
	il est allé	il était allé	il fut allé
命 令 法	elle est allée	elle était allée	elle fut allée
sois allé(e)	nous sommes allé(e)s	nous étions allé(e)s	nous fûmes allé(e)s
soyons allé(e)s	vous êtes allé(e)(s)	vous étiez allé(e)(s)	vous fûtes allé(e)(s)
	ils sont allés	ils étaient allés	ils furent allés
soyez allé(e)(s)	elles sont allées	elles étaient allées	elles furent allées

単純未来	条件法 現在	接続法 現在	半過去
j' aurai	j' aurais	j' aie	j' eusse
tu auras	tu aurais	tu aies	tu eusses
il aura	il aurait	il ait	il eût
nous aurons	nous aurions	nous ayons	nous eussions
vous aurez	vous auriez	vous ayez	vous eussiez
ils auront	ils auraient	ils aient	ils eussent

前未来	過去	過去	大過去
j' aurai eu	j' aurais eu	j' aie eu	j' eusse eu
tu auras eu	tu aurais eu	tu aies eu	tu eusses eu
il aura eu	il aurait eu	il ait eu	il eût eu
nous aurons eu	nous aurions eu	nous ayons eu	nous eussions eu
vous aurez eu	vous auriez eu	vous ayez eu	vous eussiez eu
ils auront eu	ils auraient eu	ils aient eu	ils eussent eu

単純未来	条件法 現在	接続法 現在	半過去
je serai	je serais	je sois	je fusse
tu seras	tu serais	tu sois	tu fusses
il sera	il serait	il soit	il fût
nous serons	nous serions	nous soyons	nous fussions
vous serez	vous seriez	vous soyez	vous fussiez
ils seront	ils seraient	ils soient	ils fussent

前未来	過去	過去	大過去
j' aurai été	j' aurais été	j' aie été	j' eusse été
tu auras été	tu aurais été	tu aies été	tu eusses été
il aura été	il aurait été	il ait été	il eût été
nous aurons été	nous aurions été	nous ayons été	nous eussions été
vous aurez été	vous auriez été	vous ayez été	vous eussiez été
ils auront été	ils auraient été	ils aient été	ils eussent été

前未来	条件法 過去	接続法 過去	大過去
j' aurai aimé	j' aurais aimé	j' aie aimé	j' eusse aimé
tu auras aimé	tu aurais aimé	tu aies aimé	tu eusses aimé
il aura aimé	il aurait aimé	il ait aimé	il eût aimé
elle aura aimé	elle aurait aimé	elle ait aimé	elle eût aimé
nous aurons aimé	nous aurions aimé	nous ayons aimé	nous eussions aimé
vous aurez aimé	vous auriez aimé	vous ayez aimé	vous eussiez aimé
ils auront aimé	ils auraient aimé	ils aient aimé	ils eussent aimé
elles auront aimé	elles auraient aimé	elles aient aimé	elles eussent aimé

前未来	条件法 過去	接続法 過去	大過去
je serai allé(e)	je serais allé(e)	je sois allé(e)	je fusse allé(e)
tu seras allé(e)	tu serais allé(e)	tu sois allé(e)	tu fusse allé(e)
il sera allé	il serait allé	il soit allé	il fût allé
elle sera allée	elle serait allée	elle soit allée	elle fût allée
nous serons allé(e)s	nous serions allé(e)s	nous soyons allé(e)s	nous fussions allé(e)s
vous serez allé(e)(s)	vous seriez allé(e)(s)	vous soyez allé(e)(s)	vous fussiez allé(e)(s)
ils seront allés	ils seraient allés	ils soient allés	ils fussent allés
elles seront allées	elles seraient allées	elles soient allées	elles fussent allées

5. être aimé(e)(s) ［受動態］

直　説　法		接　続　法

直説法

現　在

je	suis	aimé(e)
tu	es	aimé(e)
il	est	aimé
elle	est	aimée
nous	sommes	aimé(e)s
vous	êtes	aimé(e)(s)
ils	sont	aimés
elles	sont	aimées

複　合　過　去

j'	ai	été	aimé(e)
tu	as	été	aimé(e)
il	a	été	aimé
elle	a	été	aimée
nous	avons	été	aimé(e)s
vous	avez	été	aimé(e)(s)
ils	ont	été	aimés
elles	ont	été	aimées

接続法　現　在

je	sois	aimé(e)
tu	sois	aimé(e)
il	soit	aimé
elle	soit	aimée
nous	soyons	aimé(e)s
vous	soyez	aimé(e)(s)
ils	soient	aimés
elles	soient	aimées

半　過　去

j'	étais	aimé(e)
tu	étais	aimé(e)
il	était	aimé
elle	était	aimée
nous	étions	aimé(e)s
vous	étiez	aimé(e)(s)
ils	étaient	aimés
elles	étaient	aimées

大　過　去

j'	avais	été	aimé(e)
tu	avais	été	aimé(e)
il	avait	été	aimé
elle	avait	été	aimée
nous	avions	été	aimé(e)s
vous	aviez	été	aimé(e)(s)
ils	avaient	été	aimés
elles	avaient	été	aimées

過　去

j'	aie	été	aimé(e)
tu	aies	été	aimé(e)
il	ait	été	aimé
elle	ait	été	aimée
nous	ayons	été	aimé(e)s
vous	ayez	été	aimé(e)(s)
ils	aient	été	aimés
elles	aient	été	aimées

単　純　過　去

je	fus	aimé(e)
tu	fus	aimé(e)
il	fut	aimé
elle	fut	aimée
nous	fûmes	aimé(e)s
vous	fûtes	aimé(e)(s)
ils	furent	aimés
elles	furent	aimées

前　過　去

j'	eus	été	aimé(e)
tu	eus	été	aimé(e)
il	eut	été	aimé
elle	eut	été	aimée
nous	eûmes	été	aimé(e)s
vous	eûtes	été	aimé(e)(s)
ils	eurent	été	aimés
elles	eurent	été	aimées

半　過　去

je	fusse	aimé(e)
tu	fusses	aimé(e)
il	fût	aimé
elle	fût	aimée
nous	fussions	aimé(e)s
vous	fussiez	aimé(e)(s)
ils	fussent	aimés
elles	fussent	aimées

単　純　未　来

je	serai	aimé(e)
tu	seras	aimé(e)
il	sera	aimé
elle	sera	aimée
nous	serons	aimé(e)s
vous	serez	aimé(e)(s)
ils	seront	aimés
elles	seront	aimées

前　未　来

j'	aurai	été	aimé(e)
tu	auras	été	aimé(e)
il	aura	été	aimé
elle	aura	été	aimée
nous	aurons	été	aimé(e)s
vous	aurez	été	aimé(e)(s)
ils	auront	été	aimés
elles	auront	été	aimées

大　過　去

j'	eusse	été	aimé(e)
tu	eusses	été	aimé(e)
il	eût	été	aimé
elle	eût	été	aimée
nous	eussions	été	aimé(e)s
vous	eussiez	été	aimé(e)(s)
ils	eussent	été	aimés
elles	eussent	été	aimées

条　件　法

現　在

je	serais	aimé(e)
tu	serais	aimé(e)
il	serait	aimé
elle	serait	aimée
nous	serions	aimé(e)s
vous	seriez	aimé(e)(s)
ils	seraient	aimés
elles	seraient	aimées

過　去

j'	aurais	été	aimé(e)
tu	aurais	été	aimé(e)
il	aurait	été	aimé
elle	aurait	été	aimée
nous	aurions	été	aimé(e)s
vous	auriez	été	aimé(e)(s)
ils	auraient	été	aimés
elles	auraient	été	aimées

現在分詞

étant aimé(e)(s)

過去分詞

été aimé(e)(s)

命　令　法

sois	aimé(e)s
soyons	aimé(e)s
soyez	aimé(e)(s)

6. se lever ［代名動詞］

直　説　法						接　続　法		
現　在			**複　合　過　去**				**現　在**		
je	me	lève	je	me	suis	levé(e)	je	me	lève
tu	te	lèves	tu	t'	es	levé(e)	tu	te	lèves
il	se	lève	il	s'	est	levé	il	se	lève
elle	se	lève	elle	s'	est	levée	elle	se	lève
nous	nous	levons	nous	nous	sommes	levé(e)s	nous	nous	levions
vous	vous	levez	vous	vous	êtes	levé(e)(s)	vous	vous	leviez
ils	se	lèvent	ils	se	sont	levés	ils	se	lèvent
elles	se	lèvent	elles	se	sont	levées	elles	se	lèvent
半　過　去			**大　過　去**				**過　去**		
je	me	levais	je	m'	étais	levé(e)	je	me	sois	levé(e)
tu	te	levais	tu	t'	étais	levé(e)	tu	te	sois	levé(e)
il	se	levait	il	s'	était	levé	il	se	soit	levé
elle	se	levait	elle	s'	était	levée	elle	se	soit	levée
nous	nous	levions	nous	nous	étions	levé(e)s	nous	nous	soyons	levé(e)s
vous	vous	leviez	vous	vous	étiez	levé(e)(s)	vous	vous	soyez	levé(e)(s)
ils	se	levaient	ils	s'	étaient	levés	ils	se	soient	levés
elles	se	levaient	elles	s'	étaient	levées	elles	se	soient	levées
単　純　過　去			**前　過　去**				**半　過　去**		
je	me	levai	je	me	fus	levé(e)	je	me	levasse
tu	te	levas	tu	te	fus	levé(e)	tu	te	levasses
il	se	leva	il	se	fut	levé	il	se	levât
elle	se	leva	elle	se	fut	levée	elle	se	levât
nous	nous	levâmes	nous	nous	fûmes	levé(e)s	nous	nous	levassions
vous	vous	levâtes	vous	vous	fûtes	levé(e)(s)	vous	vous	levassiez
ils	se	levèrent	ils	se	furent	levés	ils	se	levassent
elles	se	levèrent	elles	se	furent	levées	elles	se	levassent
単　純　未　来			**前　未　来**				**大　過　去**		
je	me	lèverai	je	me	serai	levé(e)	je	me	fusse	levé(e)
tu	te	lèveras	tu	te	seras	levé(e)	tu	te	fusses	levé(e)
il	se	lèvera	il	se	sera	levé	il	se	fût	levé
elle	se	lèvera	elle	se	sera	levée	elle	se	fût	levée
nous	nous	lèverons	nous	nous	serons	levé(e)s	nous	nous	fussions	levé(e)s
vous	vous	lèverez	vous	vous	serez	levé(e)(s)	vous	vous	fussiez	levé(e)(s)
ils	se	lèveront	ils	se	seront	levés	ils	se	fussent	levés
elles	se	lèveront	elles	se	seront	levées	elles	se	fussent	levées

条　件　法							現在分詞
現　在			**過　去**				
je	me	lèverais	je	me	serais	levé(e)	se levant
tu	te	lèverais	tu	te	serais	levé(e)	
il	se	lèverait	il	se	serait	levé	**命　令　法**
elle	se	lèverait	elle	se	serait	levée	
nous	nous	lèverions	nous	nous	serions	levé(e)s	
vous	vous	lèveriez	vous	vous	seriez	levé(e)(s)	lève-toi
ils	se	lèveraient	ils	se	seraient	levés	levons-nous
elles	se	lèveraient	elles	se	seraient	levées	levez-vous

◇ se が間接補語のとき過去分詞は性・数の変化をしない.

不 定 法 現在分詞 過去分詞	直 説 法			
	現　　在	半 過 去	単純過去	単純未来
7. aimer *aimant* *aimé*	j'　aime tu　aimes il　aime n.　aimons v.　aimez ils　aiment	j'　aimais tu　aimais il　aimait n.　aimions v.　aimiez ils　aimaient	j'　aimai tu　aimas il　aima n.　aimâmes v.　aimâtes ils　aimèrent	j'　aimerai tu　aimeras il　aimera n.　aimerons v.　aimerez ils　aimeront
8. commencer *commençant* *commencé*	je　commence tu　commences il　commence n.　commençons v.　commencez ils　commencent	je　commençais tu　commençais il　commençait n.　commencions v.　commenciez ils　commençaient	je　commençai tu　commenças il　commença n.　commençâmes v.　commençâtes ils　commencèrent	je　commencerai tu　commenceras il　commencera n.　commencerons v.　commencerez ils　commenceront
9. manger *mangeant* *mangé*	je　mange tu　manges il　mange n.　mangeons v.　mangez ils　mangent	je　mangeais tu　mangeais il　mangeait n.　mangions v.　mangiez ils　mangeaient	je　mangeai tu　mangeas il　mangea n.　mangeâmes v.　mangeâtes ils　mangèrent	je　mangerai tu　mangeras il　mangera n.　mangerons v.　mangerez ils　mangeront
10. acheter *achetant* *acheté*	j'　achète tu　achètes il　achète n.　achetons v.　achetez ils　achètent	j'　achetais tu　achetais il　achetait n.　achetions v.　achetiez ils　achetaient	j'　achetai tu　achetas il　acheta n.　achetâmes v.　achetâtes ils　achetèrent	j'　achèterai tu　achèteras il　achètera n.　achèterons v.　achèterez ils　achèteront
11. appeler *appelant* *appelé*	j'　appelle tu　appelles il　appelle n.　appelons v.　appelez ils　appellent	j'　appelais tu　appelais il　appelait n.　appelions v.　appeliez ils　appelaient	j'　appelai tu　appelas il　appela n.　appelâmes v.　appelâtes ils　appelèrent	j'　appellerai tu　appelleras il　appellera n.　appellerons v.　appellerez ils　appelleront
12. préférer *préférant* *préféré*	je　préfère tu　préfères il　préfère n.　préférons v.　préférez ils　préfèrent	je　préférais tu　préférais il　préférait n.　préférions v.　préfériez ils　préféraient	je　préférai tu　préféras il　préféra n.　préférâmes v.　préférâtes ils　préférèrent	je　préférerai tu　préféreras i¹　préférera n.　préférerons v.　préférerez ils　préféreront
13. employer *employant* *employé*	j'　emploie tu　emploies il　emploie n.　employons v.　employez ils　emploient	j'　employais tu　employais il　employait n.　employions v.　employiez ils　employaient	j'　employai tu　employas il　employa n.　employâmes v.　employâtes ils　employèrent	j'　emploierai tu　emploieras il　emploiera n.　emploierons v.　emploierez ils　emploieront

条件法		接続法			命令法	同型
現在		現在		半過去		
j' aimerais tu aimerais il aimerait n. aimerions v. aimeriez ils aimeraient		j' aime tu aimes il aime n. aimions v. aimiez ils aiment		j' aimasse tu aimasses il aimât n. aimassions v. aimassiez ils aimassent	aime aimons aimez	注 語尾 -er の動詞 （除：aller, envoyer） を第一群規則動詞と もいう.
je commencerais tu commencerais il commencerait n. commencerions v. commenceriez ils commenceraient		je commence tu commences il commence n. commencions v. commenciez ils commencent		je commençasse tu commençasses il commençât n. commençassions v. commençassiez ils commençassent	commence commençons commencez	avancer effacer forcer lancer placer prononcer remplacer renoncer
je mangerais tu mangerais il mangerait n. mangerions v. mangeriez ils mangeraient		je mange tu manges il mange n. mangions v. mangiez ils mangent		je mangeasse tu mangeasses il mangeât n. mangeassions v. mangeassiez ils mangeassent	mange mangeons mangez	arranger changer charger déranger engager manger obliger voyager
j' achèterais tu achèterais il achèterait n. achèterions v. achèteriez ils achèteraient		j' achète tu achètes il achète n. achetions v. achetiez ils achètent		j' achetasse tu achetasses il achetât n. achetassions v. achetassiez ils achetassent	achète achetons achetez	achever amener enlever lever mener peser (se) promener
j' appellerais tu appellerais il appellerait n. appellerions v. appelleriez ils appelleraient		j' appelle tu appelles il appelle n. appelions v. appeliez ils appellent		j' appelasse tu appelasses il appelât n. appelassions v. appelassiez ils appelassent	appelle appelons appelez	jeter rappeler rejeter renouveler
je préférerais tu préférerais il préférerait n. préférerions v. préféreriez ils préféreraient		je préfère tu préfères il préfère n. préférions v. préfériez ils préfèrent		je préférasse tu préférasses il préférât n. préférassions v. préférassiez ils préférassent	préfère préférons préférez	considérer désespérer espérer inquiéter pénétrer posséder répéter sécher
j' emploierais tu emploierais il emploierait n. emploierions v. emploieriez ils emploieraient		j' emploie tu emploies il emploie n. employions v. employiez ils emploient		j' employasse tu employasses il employât n. employassions v. employassiez ils employassent	emploie employons employez	-oyer（除：envoyer） -uyer appuyer ennuyer essuyer nettoyer

不 定 法 現在分詞 過去分詞	直 説 法			
	現 在	半 過 去	単純過去	単純未来
14. payer *payant* *payé*	je paye (paie) tu payes (paies) il paye (paie) n. payons v. payez ils payent (paient)	je payais tu payais il payait n. payions v. payiez ils payaient	je payai tu payas il paya n. payâmes v. payâtes ils payèrent	je payerai (paierai) tu payeras (*etc. . . .*) il payera n. payerons v. payerez ils payeront
15. envoyer *envoyant* *envoyé*	j' envoie tu envoies il envoie n. envoyons v. envoyez ils envoient	j' envoyais tu envoyais il envoyait n. envoyions v. envoyiez ils envoyaient	j' envoyai tu envoyas il envoya n. envoyâmes v. envoyâtes ils envoyèrent	j' **enverrai** tu **enverras** il **enverra** n. **enverrons** v. **enverrez** ils **enverront**
16. aller *allant* *allé*	je **vais** tu **vas** il **va** n. allons v. allez ils **vont**	j' allais tu allais il allait n. allions v. alliez ils allaient	j' allai tu allas il alla n. allâmes v. allâtes ils allèrent	j' **irai** tu **iras** il **ira** n. **irons** v. **irez** ils **iront**
17. finir *finissant* *fini*	je finis tu finis il finit n. finissons v. finissez ils finissent	je finissais tu finissais il finissait n. finissions v. finissiez ils finissaient	je finis tu finis il finit n. finîmes v. finîtes ils finirent	je finirai tu finiras il finira n. finirons v. finirez ils finiront
18. partir *partant* *parti*	je pars tu pars il part n. partons v. partez ils partent	je partais tu partais il partait n. partions v. partiez ils partaient	je partis tu partis il partit n. partîmes v. partîtes ils partirent	je partirai tu partiras il partira n. partirons v. partirez ils partiront
19. sentir *sentant* *senti*	je sens tu sens il sent n. sentons v. sentez ils sentent	je sentais tu sentais il sentait n. sentions v. sentiez ils sentaient	je sentis tu sentis il sentit n. sentîmes v. sentîtes ils sentirent	je sentirai tu sentiras il sentira n. sentirons v. sentirez ils sentiront
20. tenir *tenant* *tenu*	je tiens tu tiens il tient n. tenons v. tenez ils tiennent	je tenais tu tenais il tenait n. tenions v. teniez ils tenaient	je tins tu tins il tint n. tînmes v. tîntes ils tinrent	je **tiendrai** tu **tiendras** il **tiendra** n. **tiendrons** v. **tiendrez** ils **tiendront**

条 件 法		接 続 法			命 令 法	同 型
現 在		現 在		半 過 去		
je payerais (paierais) tu payerais (etc....) il payerait n. payerions v. payeriez ils payeraient		je paye (paie) tu payes (paies) il paye (paie) n. payions v. payiez ils payent (paient)		je payasse tu payasses il payât n. payassions v. payassiez ils payassent	paie (paye) payons payez	[発音] je paye [ʒəpɛj], je paie「ʒəpɛ」; je payerai [ʒəpɛjre], je paierai「ʒəpɛre].
j' enverrais tu enverrais il enverrait n. enverrions v. enverriez ils enverraient		j' envoie tu envoies il envoie n. envoyions v. envoyiez ils envoient		j' envoyasse tu envoyasses il envoyât n. envoyassions v. envoyassiez ils envoyassent	envoie envoyons envoyez	注未来, 条・現を除い ては, 13 と同じ. **renvoyer**
j' irais tu irais il irait n. irions v. iriez ils iraient		j' **aille** tu **ailles** il **aille** n. allions v. alliez ils **aillent**		j' allasse tu allasses il allât n. allassions v. allassiez ils allassent	**va** allons allez	注yがつくとき命令法・ 現在は vas: vas-y. 直・ 現・3 人称複数に ont の 語尾をもつものは他に ont (avoir), sont (être), font (faire) のみ.
je finirais tu finirais il finirait n. finirions v. finiriez ils finiraient		je finisse tu finisses il finisse n. finissions v. finissiez ils finissent		je finisse tu finisses il finît n. finissions v. finissiez ils finissent	finis finissons finissez	注finir 型の動詞を第 2 群規則動詞という.
je partirais tu partirais il partirait n. partirions v. partiriez ils partiraient		je parte tu partes il parte n. partions v. partiez ils partent		je partisse tu partisses il partît n. partissions v. partissiez ils partissent	pars partons partez	注助動詞は être. **sortir**
je sentirais tu sentirais il sentirait n. sentirions v. sentiriez ils sentiraient		je sente tu sentes il sente n. sentions v. sentiez ils sentent		je sentisse tu sentisses il sentît n. sentissions v. sentissiez ils sentissent	sens sentons sentez	注18と助動詞を除 けば同型.
je tiendrais tu tiendrais il tiendrait n. tiendrions v. tiendriez ils tiendraient		je tienne tu tiennes il tienne n. tenions v. teniez ils tiennent		je tinsse tu tinsses il tînt n. tinssions v. tinssiez ils tinssent	tiens tenons tenez	注**venir 21** と同型, ただし, 助動詞は avoir.

11

不定法 現在分詞 過去分詞	直　説　法			
	現　　在	半　過　去	単純過去	単純未来
21. venir *venant* *venu*	je viens tu viens il vient n. venons v. venez ils viennent	je venais tu venais il venait n. venions v. veniez ils venaient	je vins tu vins il vint n. vînmes v. vîntes ils vinrent	je **viendrai** tu **viendras** il **viendra** n. **viendrons** v. **viendrez** ils **viendront**
22. accueillir *accueillant* *accueilli*	j' **accueille** tu **accueilles** il **accueille** n. accueillons v. accueillez ils accueillent	j' accueillais tu accueillais il accueillait n. accueillions v. accueilliez ils accueillaient	j' accueillis tu accueillis il accueillit n. accueillîmes v. accueillîtes ils accueillirent	j' **accueillerai** tu **accueilleras** il **accueillera** n. **accueillerons** v. **accueillerez** ils **accueilleront**
23. ouvrir *ouvrant* *ouvert*	j' **ouvre** tu **ouvres** il **ouvre** n. ouvrons v. ouvrez ils ouvrent	j' ouvrais tu ouvrais il ouvrait n. ouvrions v. ouvriez ils ouvraient	j' ouvris tu ouvris il ouvrit n. ouvrîmes v. ouvrîtes ils ouvrirent	j' ouvrirai tu ouvriras il ouvrira n. ouvrirons v. ouvrirez ils ouvriront
24. courir *courant* *couru*	je cours tu cours il court n. courons v. courez ils courent	je courais tu courais il courait n. courions v. couriez ils couraient	je courus tu courus il courut n. courûmes v. courûtes ils coururent	je **courrai** tu **courras** il **courra** n. **courrons** v. **courrez** ils **courront**
25. mourir *mourant* *mort*	je meurs tu meurs il meurt n. mourons v. mourez ils meurent	je mourais tu mourais il mourait n. mourions v. mouriez ils mouraient	je mourus tu mourus il mourut n. mourûmes v. mourûtes ils moururent	je **mourrai** tu **mourras** il **mourra** n. **mourrons** v. **mourrez** ils **mourront**
26. acquérir *acquérant* *acquis*	j' acquiers tu acquiers il acquiert n. acquérons v. acquérez ils acquièrent	j' acquérais tu acquérais il acquérait n. acquérions v. acquériez ils acquéraient	j' acquis tu acquis il acquit n. acquîmes v. acquîtes ils acquirent	j' **acquerrai** tu **acquerras** il **acquerra** n. **acquerrons** v. **acquerrez** ils **acquerront**
27. fuir *fuyant* *fui*	je fuis tu fuis il fuit n. fuyons v. fuyez ils fuient	je fuyais tu fuyais il fuyait n. fuyions v. fuyiez ils fuyaient	je fuis tu fuis il fuit n. fuîmes v. fuîtes ils fuirent	je fuirai tu fuiras il fuira n. fuirons v. fuirez ils fuiront

12

条 件 法		接 続 法		命 令 法	同 型
現　　在		現　　在	半 過 去		
je viendrais tu viendrais il viendrait n. viendrions v. viendriez ils viendraient		je vienne tu viennes il vienne n. venions v. veniez ils viennent	je vinsse tu vinsses il vînt n. vinssions v. vinssiez ils vinssent	viens venons venez	注 助動詞は être. **devenir** **intervenir** **prévenir** **revenir** **(se) souvenir**
j' accueillerais tu accueillerais il accueillerait n. accueillerions v. accueilleriez ils accueilleraient		j' accueille tu accueilles il accueille n. accueillions v. accueilliez ils accueillent	j' accueillisse tu accueillisses il accueillît n. accueillissions v. accueillissiez ils accueillissent	**accueille** accueillons accueillez	**cueillir**
j' ouvrirais tu ouvrirais il ouvrirait n. ouvririons v. ouvririez ils ouvriraient		j' ouvre tu ouvres il ouvre n. ouvrions v. ouvriez ils ouvrent	j' ouvrisse tu ouvrisses il ouvrît n. ouvrissions v. ouvrissiez ils ouvrissent	**ouvre** ouvrons ouvrez	**couvrir** **découvrir** **offrir** **souffrir**
je courrais tu courrais il courrait n. courrions v. courriez ils courraient		je coure tu coures il coure n. courions v. couriez ils courent	je courusse tu courusses il courût n. courussions v. courussiez ils courussent	cours courons courez	**accourir**
je mourrais tu mourrais il mourrait n. mourrions v. mourriez ils mourraient		je meure tu meures il meure n. mourions v. mouriez ils meurent	je mourusse tu mourusses il mourût n. mourussions v. mourussiez ils mourussent	meurs mourons mourez	注 助動詞は être.
j' acquerrais tu acquerrais il acquerrait n. acquerrions v. acquerriez ils acquerraient		j' acquière tu acquières il acquière n. acquérions v. acquériez ils acquièrent	j' acquisse tu acquisses il acquît n. acquissions v. acquissiez ils acquissent	acquiers acquérons acquérez	**conquérir**
je fuirais tu fuirais il fuirait n. fuirions v. fuiriez ils fuiraient		je fuie tu fuies il fuie n. fuyions v. fuyiez ils fuient	je fuisse tu fuisses il fuît n. fuissions v. fuissiez ils fuissent	fuis fuyons fuyez	**s'enfuir**

不 定 法 現在分詞 過去分詞		直 説 法			
		現　　在	半 過 去	単純過去	単純未来
28. rendre *rendant* *rendu*	je tu il n. v. ils	rends rends **rend** rendons rendez rendent	rendais rendais rendait rendions rendiez rendaient	rendis rendis rendit rendîmes rendîtes rendirent	rendrai rendras rendra rendrons rendrez rendront
29. prendre *prenant* *pris*	je tu il n. v. ils	prends prends **prend** prenons prenez prennent	prenais prenais prenait prenions preniez prenaient	pris pris prit prîmes prîtes prirent	prendrai prendras prendra prendrons prendrez prendront
30. craindre *craignant* *craint*	je tu il n. v. ils	crains crains craint craignons craignez craignent	craignais craignais craignait craignions craigniez craignaient	craignis craignis craignit craignîmes craignîtes craignirent	craindrai craindras craindra craindrons craindrez craindront
31. faire *faisant* *fait*	je tu il n. v. ils	fais fais fait faisons **faites** **font**	faisais faisais faisait faisions faisiez faisaient	fis fis fit fîmes fîtes firent	**ferai** **feras** **fera** **ferons** **ferez** **feront**
32. dire *disant* *dit*	je tu il n. v. ils	dis dis dit disons **dites** disent	disais disais disait disions disiez disaient	dis dis dit dîmes dîtes dirent	dirai diras dira dirons direz diront
33. lire *lisant* *lu*	je tu il n. v. ils	lis lis lit lisons lisez lisent	lisais lisais lisait lisions lisiez lisaient	lus lus lut lûmes lûtes lurent	lirai liras lira lirons lirez liront
34. suffire *suffisant* *suffi*	je tu il n. v. ils	suffis suffis suffit suffisons suffisez suffisent	suffisais suffisais suffisait suffisions suffisiez suffisaient	suffis suffis suffit suffîmes suffîtes suffirent	suffirai suffiras suffira suffirons suffirez suffiront

条　件　法	接　続　法		命　令　法	同　型
現　　在	現　　在	半　過　去		
je rendrais tu rendrais il rendrait n. rendrions v. rendriez ils rendraient	je rende tu rendes il rende n. rendions v. rendiez ils rendent	je rendisse tu rendisses il rendît n. rendissions v. rendissiez ils rendissent	rends rendons rendez	**attendre** **descendre** **entendre** **pendre** **perdre** **répandre** **répondre** **vendre**
je prendrais tu prendrais il prendrait n. prendrions v. prendriez ils prendraient	je prenne tu prennes il prenne n. prenions v. preniez ils prennent	je prisse tu prisses il prît n. prissions v. prissiez ils prissent	prends prenons prenez	**apprendre** **comprendre** **entreprendre** **reprendre** **surprendre**
je craindrais tu craindrais il craindrait n. craindrions v. craindriez ils craindraient	je craigne tu craignes il craigne n. craignions v. craigniez ils craignent	je craignisse tu craignisses il craignît n. craignissions v. craignissiez ils craignissent	crains craignons craignez	**atteindre** **éteindre** **joindre** **peindre** **plaindre**
je ferais tu ferais il ferait n. ferions v. feriez ils feraient	je **fasse** tu **fasses** il **fasse** n. **fassions** v. **fassiez** ils **fassent**	je fisse tu fisses il fît n. fissions v. fissiez ils fissent	fais faisons **faites**	**défaire** **refaire** **satisfaire** 注 fais-[f(ə)z-]
je dirais tu dirais il dirait n. dirions v. diriez ils diraient	je dise tu dises il dise n. disions v. disiez ils disent	je disse tu disses il dît n. dissions v. dissiez ils dissent	dis disons **dites**	**redire**
je lirais tu lirais il lirait n. lirions v. liriez ils liraient	je lise tu lises il lise n. lisions v. lisiez ils lisent	je lusse tu lusses il lût n. lussions v. lussiez ils lussent	lis lisons lisez	**relire** **élire**
je suffirais tu suffirais il suffirait n. suffirions v. suffiriez ils suffiraient	je suffise tu suffises il suffise n. suffisions v. suffisiez ils suffisent	je suffisse tu suffisses il suffît n. suffissions v. suffissiez ils suffissent	suffis suffisons suffisez	

不 定 法 現在分詞 過去分詞	直　　説　　法			
	現　　在	半　過　去	単　純　過　去	単　純　未　来
35. conduire *conduisant* *conduit*	je conduis tu conduis il conduit n. conduisons v. conduisez ils conduisent	je conduisais tu conduisais il conduisait n. conduisions v. conduisiez ils conduisaient	je conduisis tu conduisis il conduisit n. conduisîmes v. conduisîtes ils conduisirent	je conduirai tu conduiras il conduira n. conduirons v. conduirez ils conduiront
36. plaire *plaisant* *plu*	je plais tu plais il **plaît** n. plaisons v. plaisez ils plaisent	je plaisais tu plaisais il plaisait n. plaisions v. plaisiez ils plaisaient	je plus tu plus il plut n. plûmes v. plûtes ils plurent	je plairai tu plairas il plaira n. plairons v. plairez ils plairont
37. coudre *cousant* *cousu*	je couds tu couds il coud n. cousons v. cousez ils cousent	je cousais tu cousais il cousait n. cousions v. cousiez ils cousaient	je cousis tu cousis il cousit n. cousîmes v. cousîtes ils cousirent	je coudrai tu coudras il coudra n. coudrons v. coudrez ils coudront
38. suivre *suivant* *suivi*	je suis tu suis il suit n. suivons v. suivez ils suivent	je suivais tu suivais il suivait n. suivions v. suiviez ils suivaient	je suivis tu suivis il suivit n. suivîmes v. suivîtes ils suivirent	je suivrai tu suivras il suivra n. suivrons v. suivrez ils suivront
39. vivre *vivant* *vécu*	je vis tu vis il vit n. vivons v. vivez ils vivent	je vivais tu vivais il vivait n. vivions v. viviez ils vivaient	je vécus tu vécus il vécut n. vécûmes v. vécûtes ils vécurent	je vivrai tu vivras il vivra n. vivrons v. vivrez ils vivront
40. écrire *écrivant* *écrit*	j' écris tu écris il écrit n. écrivons v. écrivez ils écrivent	j' écrivais tu écrivais il écrivait n. écrivions v. écriviez ils écrivaient	j' écrivis tu écrivis il écrivit n. écrivîmes v. écrivîtes ils écrivirent	j' écrirai tu écriras il écrira n. écrirons v. écrirez ils écriront
41. boire *buvant* *bu*	je bois tu bois il boit n. buvons v. buvez ils boivent	je buvais tu buvais il buvait n. buvions v. buviez ils buvaient	je bus tu bus il but n. bûmes v. bûtes ils burent	je boirai tu boiras il boira n. boirons v. boirez ils boiront

条 件 法	接 続 法		命 令 法	同 型
現　　在	現　　在	半　過　去		
je conduirais tu conduirais il conduirait n. conduirions v. conduiriez ils conduiraient	je conduise tu conduises il conduise n. conduisions v. conduisiez ils conduisent	je conduisisse tu conduisisses il conduisît n. conduisissions v. conduisissiez ils conduisissent	conduis conduisons conduisez	**construire** **cuire** **détruire** **instruire** **introduire** **produire** **traduire**
je plairais tu plairais il plairait n. plairions v. plairiez ils plairaient	je plaise tu plaises il plaise n. plaisions v. plaisiez ils plaisent	je plusse tu plusses il plût n. plussions v. plussiez ils plussent	plais plaisons plaisez	**déplaire** **(se) taire** （ただし il se tait）
je coudrais tu coudrais il coudrait n. coudrions v. coudriez ils coudraient	je couse tu couses il couse n. cousions v. cousiez ils cousent	je cousisse tu cousisses il cousît n. cousissions v. cousissiez ils cousissent	couds cousons cousez	
je suivrais tu suivrais il suivrait n. suivrions v. suivriez ils suivraient	je suive tu suives il suive n. suivions v. suiviez ils suivent	je suivisse tu suivisses il suivît n. suivissions v. suivissiez ils suivissent	suis suivons suivez	**poursuivre**
je vivrais tu vivrais il vivrait n. vivrions v. vivriez ils vivraient	je vive tu vives il vive n. vivions v. viviez ils vivent	je vécusse tu vécusses il vécût n. vécussions v. vécussiez ils vécussent	vis vivons vivez	
j' écrirais tu écrirais il écrirait n. écririons v. écririez ils écriraient	j' écrive tu écrives il écrive n. écrivions v. écriviez ils écrivent	j' écrivisse tu écrivisses il écrivît n. écrivissions v. écrivissiez ils écrivissent	écris écrivons écrivez	**décrire** **inscrire**
je boirais tu boirais il boirait n. boirions v. boiriez ils boiraient	je boive tu boives il boive n. buvions v. buviez ils boivent	je busse tu busses il bût n. bussions v. bussiez ils bussent	bois buvons buvez	

不定法 現在分詞 過去分詞	直 説 法			
	現　在	半過去	単純過去	単純未来
42. résoudre *résolvant* *résolu*	je résous tu résous il résout n. résolvons v. résolvez ils résolvent	je résolvais tu résolvais il résolvait n. résolvions v. résolviez ils résolvaient	je résolus tu résolus il résolut n. résolûmes v. résolûtes ils résolurent	je résoudrai tu résoudras il résoudra n. résoudrons v. résoudrez ils résoudront
43. connaître *connaissant* *connu*	je connais tu connais il **connaît** n. connaissons v. connaissez ils connaissent	je connaissais tu connaissais il connaissait n. connaissions v. connaissiez ils connaissaient	je connus tu connus il connut n. connûmes v. connûtes ils connurent	je connaîtrai tu connaîtras il connaîtra n. connaîtrons v. connaîtrez ils connaîtront
44. naître *naissant* *né*	je nais tu nais il **naît** n. naissons v. naissez ils naissent	je naissais tu naissais il naissait n. naissions v. naissiez ils naissaient	je naquis tu naquis il naquit n. naquîmes v. naquîtes ils naquirent	je naîtrai tu naîtras il naîtra n. naîtrons v. naîtrez ils naîtront
45. croire *croyant* *cru*	je crois tu crois il croit n. croyons v. croyez ils croient	je croyais tu croyais il croyait n. croyions v. croyiez ils croyaient	je crus tu crus il crut n. crûmes v. crûtes ils crurent	je croirai tu croiras il croira n. croirons v. croirez ils croiront
46. battre *battant* *battu*	je bats tu bats il **bat** n. battons v. battez ils battent	je battais tu battais il battait n. battions v. battiez ils battaient	je battis tu battis il battit n. battîmes v. battîtes ils battirent	je battrai tu battras il battra n. battrons v. battrez ils battront
47. mettre *mettant* *mis*	je mets tu mets il **met** n. mettons v. mettez ils mettent	je mettais tu mettais il mettait n. mettions v. mettiez ils mettaient	je mis tu mis il mit n. mîmes v. mîtes ils mirent	je mettrai tu mettras il mettra n. mettrons v. mettrez ils mettront
48. rire *riant* *ri*	je ris tu ris il rit n. rions v. riez ils rient	je riais tu riais il riait n. riions v. riiez ils riaient	je ris tu ris il rit n. rîmes v. rîtes ils rirent	je rirai tu riras il rira n. rirons v. rirez ils riront

条 件 法	接 続 法		命 令 法	不 定 法
現　在	現　在	半　過　去		同　型
je résoudrais tu résoudrais il résoudrait n. résoudrions v. résoudriez ils résoudraient	je résolve tu résolves il résolve n. résolvions v. résolviez ils résolvent	je résolusse tu résolusses il résolût n. résolussions v. résolussiez ils résolussent	résous résolvons résolvez	
je connaîtrais tu connaîtrais il connaîtrait n. connaîtrions v. connaîtriez ils connaîtraient	je connaisse tu connaisses il connaisse n. connaissions v. connaissiez ils connaissent	je connusse tu connusses il connût n. connussions v. connussiez ils connussent	connais connaissons connaissez	注 t の前にくるとき i→î. **apparaître** **disparaître** **paraître** **reconnaître**
je naîtrais tu naîtrais il naîtrait n. naîtrions v. naîtriez ils naîtraient	je naisse tu naisses il naisse n. naissions v. naissiez ils naissent	je naquisse tu naquisses il naquît n. naquissions v. naquissiez ils naquissent	nais naissons naissez	注 t の前にくるとき i→î. 助動詞はêtre.
je croirais tu croirais il croirait n. croirions v. croiriez ils croiraient	je croie tu croies il croie n. croyions v. croyiez ils croient	je crusse tu crusses il crût n. crussions v. crussiez ils crussent	crois croyons croyez	
je battrais tu battrais il battrait n. battrions v. battriez ils battraient	je batte tu battes il batte n. battions v. battiez ils battent	je battisse tu battisses il battît n. battissions v. battissiez ils battissent	bats battons battez	**abattre** **combattre**
je mettrais tu mettrais il mettrait n. mettrions v. mettriez ils mettraient	je mette tu mettes il mette n. mettions v. mettiez ils mettent	je misse tu misses il mît n. missions v. missiez ils missent	mets mettons mettez	**admettre** **commettre** **permettre** **promettre** **remettre**
je rirais tu rirais il rirait n. ririons v. ririez ils riraient	je rie tu ries il rie n. riions v. riiez ils rient	je risse tu risses il rît n. rissions v. rissiez ils rissent	ris rions riez	**sourire**

不 定 法 現在分詞 過去分詞	直 説 法			
	現　在	半 過 去	単純過去	単純未来
49. conclure *concluant* *conclu*	je conclus tu conclus il conclut n. concluons v. concluez ils concluent	je concluais tu concluais il concluait n. concluions v. concluiez ils concluaient	je conclus tu conclus il conclut n. conclûmes v. conclûtes ils conclurent	je conclurai tu concluras il conclura n. conclurons v. conclurez ils concluront
50. rompre *rompant* *rompu*	je romps tu romps il rompt n. rompons v. rompez ils rompent	je rompais tu rompais il rompait n. rompions v. rompiez ils rompaient	je rompis tu rompis il rompit n. rompîmes v. rompîtes ils rompirent	je romprai tu rompras il rompra n. romprons v. romprez ils rompront
51. vaincre *vainquant* *vaincu*	je vaincs tu vaincs il **vainc** n. vainquons v. vainquez ils vainquent	je vainquais tu vainquais il vainquait n. vainquions v. vainquiez ils vainquaient	je vainquis tu vainquis il vainquit n. vainquîmes v. vainquîtes ils vainquirent	je vaincrai tu vaincras il vaincra n. vaincrons v. vaincrez ils vaincront
52. recevoir *recevant* *reçu*	je reçois tu reçois il reçoit n. recevons v. recevez ils reçoivent	je recevais tu recevais il recevait n. recevions v. receviez ils recevaient	je reçus tu reçus il reçut n. reçûmes v. reçûtes ils reçurent	je **recevrai** tu **recevras** il **recevra** n. **recevrons** v. **recevrez** ils **recevront**
53. devoir *devant* *dû* (due, dus, dues)	je dois tu dois il doit n. devons v. devez ils doivent	je devais tu devais il devait n. devions v. deviez ils devaient	je dus tu dus il dut n. dûmes v. dûtes ils durent	je **devrai** tu **devras** il **devra** n. **devrons** v. **devrez** ils **devront**
54. pouvoir *pouvant* *pu*	je **peux (puis)** tu **peux** il peut n. pouvons v. pouvez ils peuvent	je pouvais tu pouvais il pouvait n. pouvions v. pouviez ils pouvaient	je pus tu pus il put n. pûmes v. pûtes ils purent	je **pourrai** tu **pourras** il **pourra** n. **pourrons** v. **pourrez** ils **pourront**
55. émouvoir *émouvant* *ému*	j' émeus tu émeus il émeut n. émouvons v. émouvez ils émeuvent	j' émouvais tu émouvais il émouvait n. émouvions v. émouviez ils émouvaient	j' émus tu émus il émut n. émûmes v. émûtes ils émurent	j' **émouvrai** tu **émouvras** il **émouvra** n. **émouvrons** v. **émouvrez** ils **émouvront**

条件法	接続法		命令法	同型
現　在	現　在	半　過　去		
je conclurais tu conclurais il conclurait n. conclurions v. concluriez ils concluraient	je conclue tu conclues il conclue n. concluions v. concluiez ils concluent	je conclusse tu conclusses il conclût n. conclussions v. conclussiez ils conclussent	conclus concluons concluez	
je romprais tu romprais il romprait n. romprions v. rompriez ils rompraient	je rompe tu rompes il rompe n. rompions v. rompiez ils rompent	je rompisse tu rompisses il rompît n. rompissions v. rompissiez ils rompissent	romps rompons rompez	**interrompre**
je vaincrais tu vaincrais il vaincrait n. vaincrions v. vaincriez ils vaincraient	je vainque tu vainques il vainque n. vainquions v. vainquiez ils vainquent	je vainquisse tu vainquisses il vainquît n. vainquissions v. vainquissiez ils vainquissent	vaincs vainquons vainquez	**convaincre**
je recevrais tu recevrais il recevrait n. recevrions v. recevriez ils recevraient	je reçoive tu reçoives il reçoive n. recevions v. receviez ils reçoivent	je reçusse tu reçusses il reçût n. reçussions v. reçussiez ils reçussent	reçois recevons recevez	**apercevoir** **concevoir**
je devrais tu devrais il devrait n. devrions v. devriez ils devraient	je doive tu doives il doive n. devions v. deviez ils doivent	je dusse tu dusses il dût n. dussions v. dussiez ils dussent	dois devons devez	注 命令法はほとんど用いられない.
je pourrais tu pourrais il pourrait n. pourrions v. pourriez ils pourraient	je **puisse** tu **puisses** il **puisse** n. **puissions** v. **puissiez** ils **puissent**	je pusse tu pusses il pût n. pussions v. pussiez ils pussent		注 命令法はない.
j' émouvrais tu émouvrais il émouvrait n. émouvrions v. émouvriez ils émouvraient	j' émeuve tu émeuves il émeuve n. émouvions v. émouviez ils émeuvent	j' émusse tu émusses il émût n. émussions v. émussiez ils émussent	émeus émouvons émouvez	**mouvoir** ただし過去分詞は mû (mue, mus, mues)

不 定 法 現在分詞 過去分詞	直 説 法			
	現　在	半 過 去	単純過去	単純未来
56. savoir *sachant* *su*	je sais tu sais il sait n. savons v. savez ils savent	je savais tu savais il savait n. savions v. saviez ils savaient	je sus tu sus il sut n. sûmes v. sûtes ils surent	je **saurai** tu **sauras** il **saura** n. **saurons** v. **saurez** ils **sauront**
57. voir *voyant* *vu*	je vois tu vois il voit n. voyons v. voyez ils voient	je voyais tu voyais il voyait n. voyions v. voyiez ils voyaient	je vis tu vis il vit n. vîmes v. vîtes ils virent	je **verrai** tu **verras** il **verra** n. **verrons** v. **verrez** ils **verront**
58. vouloir *voulant* *voulu*	je **veux** tu **veux** il veut n. voulons v. voulez ils veulent	je voulais tu voulais il voulait n. voulions v. vouliez ils voulaient	je voulus tu voulus il voulut n. voulûmes v. voulûtes ils voulurent	je **voudrai** tu **voudras** il **voudra** n. **voudrons** v. **voudrez** ils **voudront**
59. valoir *valant* *valu*	je **vaux** tu **vaux** il vaut n. valons v. valez ils valent	je valais tu valais il valait n. valions v. valiez ils valaient	je valus tu valus il valut n. valûmes v. valûtes ils valurent	je **vaudrai** tu **vaudras** il **vaudra** n. **vaudrons** v. **vaudrez** ils **vaudront**
60. s'asseoir *s'asseyant*[1] *assis*	je m'assieds[1] tu t'assieds il **s'assied** n. n. asseyons v. v. asseyez ils s'asseyent	je m'asseyais[1] tu t'asseyais il s'asseyait n. n. asseyions v. v. asseyiez ils s'asseyaient	je m'assis tu t'assis il s'assit n. n. assîmes v. v. assîtes ils s'assirent	je m'**assiérai**[1] tu t'**assiéras** il s'**assiéra** n. n. **assiérons** v. v. **assiérez** ils s'**assiéront**
s'assoyant[2]	je m'assois[2] tu t'assois il s'assoit n. n. assoyons v. v. assoyez ils s'assoient	je m'assoyais[2] tu t'assoyais il s'assoyait n. n. assoyions v. v. assoyiez ils s'assoyaient		je m'**assoirai**[2] tu t'**assoiras** il s'**assoira** n. n. **assoirons** v. v. **assoirez** ils s'**assoiront**
61. pleuvoir *pleuvant* *plu*	il pleut	il pleuvait	il plut	il **pleuvra**
62. falloir *fallu*	il faut	il fallait	il fallut	il **faudra**

22

条件法	接続法		命令法	同型
現在	現在	半過去		
je saurais tu saurais il saurait n. saurions v. sauriez ils sauraient	je **sache** tu **saches** il **sache** n. **sachions** v. **sachiez** ils **sachent**	je susse tu susses il sût n. sussions v. sussiez ils sussent	**sache** **sachons** **sachez**	
je verrais tu verrais il verrait n. verrions v. verriez ils verraient	je voie tu voies il voie n. voyions v. voyiez ils voient	je visse tu visses il vît n. vissions v. vissiez ils vissent	vois voyons voyez	**revoir**
je voudrais tu voudrais il voudrait n. voudrions v. voudriez ils voudraient	je **veuille** tu **veuilles** il **veuille** n. **voulions** v. **vouliez** ils **veuillent**	je voulusse tu voulusses il voulût n. voulussions v. voulussiez ils voulussent	**veuille** **veuillons** **veuillez**	
je vaudrais tu vaudrais il vaudrait n. vaudrions v. vaudriez ils vaudraient	je **vaille** tu **vailles** il **vaille** n. valions v. valiez ils **vaillent**	je valusse tu valusses il valût n. valussions v. valussiez ils valussent		注 命令法はほとんど用いられない.
je m'assiérais[1] tu t'assiérais il s'assiérait n. n. assiérions v. v. assiériez ils s'assiéraient	je m'asseye[1] tu t'asseyes il s'asseye n. n. asseyions v. v. asseyiez ils s'asseyent	j' m'assisse tu t'assisses il s'assît n. n. assissions v. v. assissiez ils s'assissent	assieds-toi[1] asseyons-nous asseyez-vous	注 時称により2種の活用があるが，(1)は古来の活用で，(2)は俗語調である.(1)の方が多く使われる.
je m'assoirais[2] tu t'assoirais il s'assoirait n. n. assoirions v. v. assoiriez ils s'assoiraient	je m'assoie[2] tu t'assoies il s'assoie n. n. assoyions v. v. assoyiez ils s'assoient		assois-toi[2] assoyons-nous assoyez-vous	
il pleuvrait	il pleuve	il plût		注 命令法はない.
il faudrait	il **faille**	il fallût		注 命令法・現在分詞はない.

23

NUMÉRAUX（数詞）

CARDINAUX（基数）	ORDINAUX（序数）		CARDINAUX	ORDINAUX
1 **un, une**	**premier**（première）	90	**quatre-vingt-dix**	**quatre-vingt-dixième**
2 deux	deuxième, second（e）	91	quatre-vingt-onze	quatre-vingt-onzième
3 trois	troisième	92	quatre-vingt-douze	quatre-vingt-douzième
4 quatre	quatrième	100	**cent**	**centième**
5 cinq	cinquième	101	cent un	cent（et）unième
6 six	sixième	102	cent deux	cent deuxième
7 sept	septième	110	cent dix	cent dixième
8 huit	huitième	120	cent vingt	cent vingtième
9 neuf	neuvième	130	cent trente	cent trentième
10 **dix**	**dixième**	140	cent quarante	cent quarantième
11 onze	onzième	150	cent cinquante	cent cinquantième
12 douze	douzième	160	cent soixante	cent soixantième
13 treize	treizième	170	cent soixante-dix	cent soixante-dixième
14 quatorze	quatorzième	180	cent quatre-vingts	cent quatre-vingtième
15 quinze	quinzième	190	cent quatre-vingt-dix	cent quatre-vingt-dixième
16 seize	seizième	200	**deux cents**	**deux centième**
17 dix-sept	dix-septième	201	deux cent un	deux cent unième
18 dix-huit	dix-huitième	202	deux cent deux	deux cent deuxième
19 dix-neuf	dix-neuvième	300	**trois cents**	**trois centième**
20 **vingt**	**vingtième**	301	trois cent un	trois cent unième
21 vingt et un	vingt et unième	302	trois cent deux	trois cent deuxième
22 vingt-deux	vingt-deuxième	400	**quatre cents**	**quatre centième**
23 vingt-trois	vingt-troisième	401	quatre cent un	quatre cent unième
30 **trente**	**trentième**	402	quatre cent deux	quatre cent deuxième
31 trente et un	trente et unième	500	**cinq cents**	**cinq centième**
32 trente-deux	trente-deuxième	501	cinq cent un	cinq cent unième
40 **quarante**	**quarantième**	502	cinq cent deux	cinq cent deuxième
41 quarante et un	quarante et unième	600	**six cents**	**six centième**
42 quarante-deux	quarante-deuxième	601	six cent un	six cent unième
50 **cinquante**	**cinquantième**	602	six cent deux	six cent deuxième
51 cinquante et un	cinquante et unième	700	**sept cents**	**sept centième**
52 cinquante-deux	cinquante-deuxième	701	sept cent un	sept cent unième
60 **soixante**	**soixantième**	702	sept cent deux	sept cent deuxième
61 soixante et un	soixante et unième	800	**huit cents**	**huit centième**
62 soixante-deux	soixante-deuxième	801	huit cent un	huit cent unième
70 **soixante-dix**	**soixante-dixième**	802	huit cent deux	huit cent deuxième
71 soixante et onze	soixante et onzième	900	**neuf cents**	**neuf centième**
72 soixante-douze	soixante-douzième	901	neuf cent un	neuf cent unième
80 **quatre-vingts**	**quatre-vingtième**	902	neuf cent deux	neuf cent deuxième
81 quatre-vingt-un	quatre-vingt-unième	1000	**mille**	**millième**
82 quatre-vingt-deux	quatre-vingt-deuxième			

1 000 000 ｜ **un million** ｜ **millionième** ‖ 1 000 000 000 ｜ **un milliard** ｜ **milliardième**